마음의 거리를 좁히는 공감 대화

나도
아들 역할은
처음이에요

전규리 지음

마음의 거리를 좁히는 공감 대화

나도 아들 역할은 처음이에요

전규리 지음

SUN

책을 내며

인간관계에서 가장 중요한 것은 바로 소통입니다. 소통을 잘하기 위해선 상대방의 말을 잘 들어야 한다는 것쯤은 누구나 알고 있을 것입니다. 그런데도 소통이 어렵다고 느끼는 것은 대부분 나의 이야기를 상대방에게 전달하는 데에만 관심이 있기 때문입니다.

코로나19로 인해 가족 간의 갈등이 폭증하고 있다는 소식을 접할 때마다 안타까운 것은 바로 소통의 부재에서 비롯된 문제가 대부분이기 때문입니다. 다양한 인간관계 중에서도 가장 소통하기 힘든 관계가 바로 가족입니다. 말하지 않아도 다 이해해 줄 거라는 믿음 때문에 서로에 대한 기대치가 높고, 그에 미치지 못하면 서운해합니다. 부모나 자식 모두 각자의 역할은 처음일 것입니다. 그러기에 시행착오도 겪고, 갈등도 생기게 마련입니다.

특히 사춘기 자녀와의 소통은 마치 외계인과 대화하듯 어렵기만 합니다. 말 잘 듣던 착한 아이가 언제부터인가 말을 듣지 않고, 아무것도 아닌 일에 어깃장을 놓는 일이 다반사로 일어나기 때문입니다. 지금은 대학생이지만, 저 역시 사춘기 아들을 키우며 다른 부모들처럼 힘든 일이 많았습니다. 갑자기 학교에 가지 않겠다고도 하고, 중학생이 느닷없이 가출하겠다고도 했습니다. 그럴 때마다 아들을 이해해 보려고 무척이나 노력했습니다.

사춘기 아들을 향한 나만의 대처법은 말투와 표정, 자세를 통한 대화였습니다. 억양만 들어도, 표정만 보아도 화가 난 건지, 자신의 이야기를 들어줄 의향이 있는지 아들은 다 파악하고 있다는 걸 알기에 대화를 하려면 최대한 감정을 드러내지 않아야 했습니다. 아들의 이야기에 화부터 내지 않고 우선 고개 끄덕이며 "그럴 수 있지."라고 공감해 주었습니다. 그런 후에 이유를 물어보면 솔직하게 자신의 이야기를 털어놓는 경우가 많았습니다. 이는 아들뿐만 아니라 가족들이나 그동안 만난 무수한 사람들과의 관계에서도 해당합니다.

아들은 어려운 해법을 원하는 것이 아니었습니다. 이 세상에서 단 한 사람만이라도 자기 마음을 알아주길 바라는 것입니다. 비슷한 자녀를 키우는 부모님들에게 조금이라도 도움이 되고 싶어, 평범하지만 조금은 남다른 나만의 방법으로 사춘기 아들과 소통하던 경험을 담아 이 책을 펴내게 되었습니다.

이 책은 총 5장으로 구성되어 있습니다. 1장과 2장은 사춘기 자녀와의 소통, 3장은 나 자신과의 소통, 4장은 가족과의 소통, 5장은 타인과의 소통으로 나뉘어 다양한 관계 속에서 소통하는 법을 소개합니다. 소통의 기본은 공감이고, 공감은 상대방을 존중하고 배려하는 자세에서 나온다는 사실을 경험을 통해 깨닫습니다. 누구나 겪을 수 있는 일들을 좀 더 지혜롭게 해결할 방법이 없을까 고민한 끝에 찾아낸 나만의 방법이 효력이 있는 것을 보면, 다른 분들에게도 분명 도움이 되리라 생각합니다.

이 책이 나오기까지 아낌없는 조언으로 힘을 실어 주신 숭실대학교 최정일 교수님과 김종회 문학평론가님께 감사드립니다. 또한, 이 책의 주인공인 사랑하는 아들과 남편 그리고 무한한 사랑을 주시는 어머님께 고마운 마음 전합니다. 감사합니다.

2022년 4월에
전규리

목차

마음의 거리를 좁히는 공감 대화
나도 아들 역할은 처음이에요

책을 내며 … 004

제1장 사춘기 자녀, 이렇게 소통한다

* 봄을 선물받다 … 013
마음의 거리를 좁히는 말투 … 015
다양한 호칭으로 소통하자 … 018
삶의 품격을 높이는 습관 … 021
따뜻한 거짓말 … 023
사랑을 확인하는 날 … 027
내면의 성장은 어떻게 이루어질까 … 029
좀 비겁하면 어때 … 034
절대로 하면 안 되는 말 … 036
세 가지만 아니면 다 해보자 … 041
형제가 생겼어요 … 045
* 물 한 모금과 비타민 한 알 … 048

자녀와 엄마는 같이 성장한다

제2장

* 관심과 배려 … 051
같은 말 다른 느낌 … 053
열 살 셰프의 오므라이스 … 056
당황할수록 침착하게 … 057
시급 8,730원의 교훈 … 062
12장의 데이트 쿠폰 … 065
아들의 성장이 서운했던 날 … 068
평범한 날을 특별한 날로 … 070
공감력도 유전일까? … 072
유치할수록 가까운 마음의 거리 … 075
마음과 다른 말 … 076
스무 살 CEO … 078
* 올해부터 개정된 자기 관리법 … 081

제3장

나 자신과 연애하듯 밀당하기

* 나를 향한 구애 … 085
나를 길들이는 프로젝트 … 087
흔한 추억 & 소중한 추억 … 090
어딜 봐서 1인분만 먹게 생겼어요? … 093
겨울에 피어난 꽃처럼 … 098
감춰진 나의 이력서 … 110
아름다운 도전 … 112
에누리 있는 장사 … 114
이 별에서 이별하는 그날 … 115
* 비교 … 119

가족에게 특별한 마음가짐 　제4장

* 감사 … 123
인연이었을까·1 … 125
인연이었을까·2 … 127
부부싸움도 드라마처럼 … 130
누가 형일까? … 132
선물과 십일조 … 134
완벽함보다 부족함이 낫다 … 137
성공한 리더의 진짜 프로필 … 140
숨은 말 찾기 … 142
공감과 배려의 근원 … 146
마지막 그 한마디 … 149
균형 있는 삶이 아름답다 … 153
행복한 산타 배달부 … 155
* 잊히지 않는 인사법 … 157

제5장

타인의 마음을 얻는 지름길

* 가시 없는 꽃이 될래요 … 161
공짜는 위험한 거래 … 163
서로를 위한 배려 … 166
마음도 평수로 나눌 수 있을까 … 168
호칭도 격에 맞게 … 171
관심은 불편함을 이긴다 … 173
가끔 이런 방법 어때요? … 178
눈으로 마시는 에너지 드링크 … 182
보이는 매너 & 들리는 매너 … 185
마음을 여는 열쇠 … 187
빠르게 보다 바르게 … 189
작은 매너 긴 여운 … 191
참는 것이 다 미덕일까? … 193
아량이 만든 따뜻한 시선 … 196
해와 바람의 대결 … 199
가까울수록 지켜야 할 것 … 202
얀테의 법칙 … 204
* 꼭 그런 것만도 아니지 … 206

제1장

사춘기 자녀, 이렇게 소통한다

봄을 선물받다

며칠 전
예쁜 봄을 몇 개 가져다
거실 한쪽에 두었다.

아들이 물었다.
"이 예쁜 꽃들은 뭐에요?"

엄마가 대답했다.
"봄을 가까이에서 담으려고.
그리고 느끼려고."
꽃 가까이 얼굴을 묻고 봄향기를 느낀다.
향기로운 꽃잎에서 봄의 기운이 코로 들어온다.

며칠 후
아들이 말했다.
"봄 향기 선물해 드릴까요?"
봄을 들고 내게로 온다.
엄마는 미소로 몸으로 봄 향기에 답했다.

마음의 거리를
좁히는 말투

새벽 4시, 오랜만에 아들과 함께 일찍 일어났다. 6시에 출발하는 제주행 비행기에 오를 아들을 차에 태우고 김포공항으로 향했다. 아들은 여름방학이 시작되자마자 빼곡하게 정리한 2박 3일 제주도 여행 일정을 내밀었다. 처음으로 엄마 곁을 떠나 친구들과 여행길에 오른 아들, 집으로 돌아오는 차 안에서 문득 아들의 '가출 희망 사건'이 떠올랐다.

사춘기의 정점이라는 중학교 2학년 어느 날, 아들은 뜬금없는 말을 꺼냈다.

"엄마, 나 가출하고 싶어."

그 말을 듣는 순간 당황한 나머지 말문이 막혀 입이 떨어지지 않았다. 아이가 따돌림을 당하고 있는 걸까? 아니면 말 못 할 고민이라도 있는 걸까? 잠시 마음을 가라앉히고 최대한 태연한 척 아들의 말을 되받았다.

"다양한 경험을 해보는 것도 나쁘지 않지. 며칠이나?"

"일주일."

"나름 적당하네. 언제 갈 건데?"

"아직 생각해 보지는 않았어요."
가출에 대한 호기심만 가득할 뿐, 정작 시도할 마음은 없는 듯하여 안도감이 들었다. 그렇다고 "쓸데없는 생각 하지 말고 공부나 해!"라며 무시하는 말을 하거나, "가출은 아무나 하는지 알아? 하고 싶으면 한번 해보든지."라며 아이에게 '반항적 호기심을 자극하는 말'을 하고 싶지는 않았다.

담담하게 아들과 대화를 이어나갔다.
"다양한 경험을 해보는 것도 나쁘지 않지만, 굳이 하지 않아도 될 경험을 할 필요는 없지 않을까? 만약, 가출한다면 어떤 점이 좋을 것 같은데?"
아들은 친구들이 가출했다는 얘기를 듣고 '나도 한번 해볼까?' 하고 생각했다고 했다.
가출(家出)의 사전적 의미는, '가족과 함께 살다가 가족의 동의 없이 집에서 나가는 행동.' 한자어 어순대로는 '출가(出家)'이다. 아들은 가출의 의미로 말을 던진 것이라기보다는 엄마의 관심과 사랑을 확인하고 싶었던 것 같았다.
사춘기 아이들은 감정을 조절하지 못해 가출할 때도 있지만, 부모와의 소통 부재로 인한 불신과 두려움으로 부모를 벗어나고 싶은 생각에 가출을 감행하는 경우도 적지 않다. 부모에게서 도망치고 싶은 게 아니라는 걸 확인한 후에야 철없는 엄마처럼 아이에게 말을 건넸다.

"일단 네가 먼저 갔다 와! 나도 실은 가출해 보고 싶었는데, 아직 용기가 없어서 시도하지 못했거든. 네가 갔다 오면 나는 한 2주 정도 갔다 올게."

아이는 어이없다는 표정으로 물었다.

"엄마도 가출한다고?"

"왜? 엄마는 가출하면 안 돼?"

또다시 철없는 엄마를 가장해 가출 후원금을 지원해 주겠다는 말장난으로 대화를 마무리했다.

지금쯤 아들은 제주도를 향해 하늘을 가르고 있을 것이다.

아들에게 친구처럼, 때론 인생 선배처럼 편하게 대할 수 있는 엄마가 되고 싶다. 이런 마음이 아이와의 관계를 돈독하게 하는 가교 역할을 해 주는 것 같다. 처음으로 집을 떠나 친구들과 여행 중인 아들이 한 뼘 더 성장해서 돌아오길 기대해 본다.

다양한 호칭으로
소통하자

아들이 꼭 '나의 아들'로만 태어났다고 생각하지 않는다. 내 아들인 동시에 훗날 누군가의 남편, 혹은 한 아이의 아빠가 될 것이다. 또한, 누군가에게는 친구나 직장 선후배, 이웃으로서 한 개인의 삶을 살아가겠지.

나는 솔직하게 아들과 소통하려고 노력한다.
"엄마는 너의 엄마기도 하지만, 33년 먼저 태어난 인생의 선배일 뿐이야. 나도 엄마라는 역할이 처음이라 서툴고 어려워."
어느 날 아들이 말했다.
"엄마, 나도 아들 역할이 처음이라 쉽지 않아. 그러니까 이해해 줘."
나를 따라 하는 아들을 보며 웃어야 할지, 말아야 할지 가끔 난감해지기도 한다. 그래도 잔소리를 퍼붓는 엄마보다는, '상황에 맞는 모습'을 보여주는 것이 낫다고 생각한다. 아들이 엄마를 철부지로 생각해도 할 수 없다. 부족한 엄마의 모습이 아들을 성숙하게 하는 교육적 효과가 있다는 것을 알기 때문이다.

나는 아들의 호칭을 다양한 상황에 맞춰 부른다.
"어이~ 청소년, 이리 좀 와 보게, 인생 선배가 한마디하겠네."

아들이 거실 바닥에서 꼼짝도 하지 않고 세상 근심을 다 안은 듯 보이면, 농담 섞인 말로 잔소리를 대신한다.
"어르신~, 몸이 아주 무거우시군요? 경로 우대석은 이쪽입니다."

사춘기 아들이 타투(tattoo, 문신)를 해보고 싶다고 했다. 깜짝 놀랐지만, 태연한 척하며 장난스럽게 물었다.
"왜? '엄마 아들'이라고 새기려고?"
"그건 나중에."

"그럼 어떤 걸 하고 싶은데?"

아들에게 물었더니, 그건 아직 생각해 보지 않았단다. 어디서 뭘 본 건지 모르겠지만, 아들 눈에는 문신이 꽤 멋있어 보였나 보다.

"타투할 때 꼭 얘기해 줘. 나도 너랑 같은 자리에 똑같이 하게."

청소년, 어르신, 인생 후배, 친구, 자라나는 청소년, 10년 뒤 CEO님, 윤ㅇㅇ 아드님, 최ㅇㅇ 손주님, 윤씨 가문의 장손님 등. 아들의 행동이 마음에 들지 않거나 말리고 싶을 때, 상황에 따라 부르는 나만의 처방전이다. 아들에게 이 정도 처방전이 듣는 걸 보면, 저렇게 마음이 여려서 어쩌나 싶다가도 한편 다행이라는 생각도 든다.

삶의 품격을 높이는 습관

현관을 들어서자마자 아들을 불렀다.
"지난번에 얘기했는데, 안 되어 있네."
"깜빡했어요."
"그랬구나. 바쁘면 그럴 수도 있지."

몇 년 전, 아들에게 신발 정리를 부탁했다. 아들은 그러겠다고 흔쾌히 대답했다. 어느 날 보니 여전히 신발이 흐트러져 있었다. 현관에 들어서며 아들을 불렀다.
"여전히 깜빡하고 있구나, 엄마가 앞으로도 계속 신발을 정리할 수 있어. 그런데 문제는 네가 결혼하고 나서도 네 아내가 네 신발을 정리하며 잔소리하게 되겠지. 더 중요한 건 네가 할 수 있는 일을 하지 않으면 누군가의 시간과 에너지를 쓰게 하는 거야. 결국, 누군가에게 시간과 에너지의 빚을 지는 거나 마찬가지겠지?"
아들에게 엄마의 시간도, 미래의 아내 시간도 귀하게 여긴다면 좋은 습관을 들이는 게 사랑을 표현하는 하나의 방식이 될 수 있다고 설명했다.

며칠 후, 현관의 신발들이 가지런히 정리된 모습이 눈에 들어왔다. 그날의 대화가 아들에게 와닿았던 걸까? 그날 이후 아들은 신발을 정리하는 습관을 갖게 되었다.
잔소리를 늘어놓으면 귀찮은 듯 대답만 할 것 같아 부탁 조로 얘기해 보기도 했지만, 효과는 별로 없었다. 지금의 단편적인 문제가 아니라 평생 누군가에게 에너지와 시간의 빚을 진다고 생각하게 하는 것, 그것이 아들의 행동을 바꾸는 결과로 나타난 것이다. 잘 길든 습관은 삶의 질을 높이고, 자신의 인품도 갖추게 된다.

따뜻한 거짓말

중학교 3학년인 아들의 담임 선생님으로부터 "배가 아픈 아들을 조퇴시켜 주었다."는 전화를 받았다. 놀라서 아들에게 전화했더니 병원에 간단다. 그런데 복통 때문이 아니라, 다른 일로 병원에 간다는 거였다.
아들의 목소리가 왠지 모르게 침울했다. 불길한 생각이 들어 이유를 물었지만, 자세한 것은 집에 와서 말하겠다며 전화를 끊었다. 아들은 밤 11시가 다 되어 돌아왔다. 친한 친구의 엄마가 돌아가셔서 장례식장에 조문하고 왔다고 했다.

아들은 조회 시간에 친구의 어머니가 돌아가셨다는 비보(悲報)를 듣고, 수업에 집중할 수가 없었단다. 첫 수업이 끝난 후 선생님께 배가 아프다고 거짓말하고 장례식장으로 간 것이다. 거짓말한 것은 잘못이지만, '선의의 거짓말'이니 엄마나 선생님은 이해해 주실 거라고 믿었단다. 휑한 장례식장에서 혼자 상주 노릇을 하는 친구 곁을 지키느라 밤늦게 돌아온 것이다. 담담하게 말하는 아들을 보며 '언제 이렇게 속 깊은 아들로 성장했을까?' 하는 기특한 생각이 들었다.
"그래, 아주 잘했구나. 친구가 말할 수 없는 슬픔을 겪고 있을 텐데 곁에 있어 준 것만으로도 큰 위로가 되었을 거야."
아들을 안고 등을 다독여 주었다. 어느새 아들은 내가 생각했던 것보다 훨씬 더 성숙해 있었다.
아들 친구는 얼마 전, 곧 엄마 생일이라며, 용돈을 아껴 14만 원이나 모았다고 자랑했단다. 아빠 없이 엄마와 단둘이 살고 있었고, 그런 엄마를 기쁘게 해 주려고 했는데, 그것도 모른 채 아들 곁을 떠난 것이다.

식구들이 모두 잠든 시간, 아들에게 다섯 장 분량의 편지를 썼다.
"네가 또래 중학생 중에서 가장 훌륭한 중학생일 거야. 앞으로 어른이 되어서도 누군가 아파하고 힘들어할 때 곁에 있어 주고, 위로해 줄 수 있는 그런 사람으로 자라기 바란다."
그리고 "당분간 그 친구 옆에서 작은 도움이라도 되어 주면 좋겠구나."라는 당부와 함께 간식이라도 챙겨 주길 바라는 마음에 약간의 현금도 같이 넣었다.
이때만큼 아들이 대견스럽게 느껴진 적이 없었다. 항상 '초3 같은 중3'이라고 놀렸는데, 어쩌면 엄마인 나보다 더 속 깊은 어른이 되어 있는 듯했다.

다른 사람의 처지를

생각할 줄 모르는 생각의 무능은

말하기의 무능을 낳고,

행동의 무능을 낳는다.

- 한나 아렌트(Hannah Arendt, 독일 정치이론가, 1906~1975)

사랑을 확인하는 날

"엄마, 올해는 어린이날 선물 없어요?"
"청년이 어린이날과 무슨 상관이 있어?"
아들은 서운한 표정이다.
'참, 별일이네.'
핀잔을 주고 돌아서는데 친구로부터 메시지가 왔다. 어린이날에 아들에게 무슨 선물을 주었는지 묻는 메시지였다.
"대학생인데 무슨 어린이날 선물을 줘."
내가 보낸 답장에 친구는, 외할머니가 대학교 졸업까지 어린이날을 챙겨 줘서 무척 행복했다고 했다. 선물을 받아서 좋기도 했겠지만, 외할머니의 사랑을 느끼고 확인하는 시간이어서 더욱 행복한 추억으로 남아 있던 게 아닐까 하는 생각이 들었다.
이참에 나도 아들이 결혼해서 아빠가 될 때까지 어린이날은 '마음을 표현하는 날'로 정해 두기로 했다. 아무리 작은 선물이라도 부모의 사랑을 느끼고 확인하는 날이 되면 좋겠다는 생각에서였다.

늦은 저녁, 현관에 들어서는 아들에게 평소 갖고 싶어 했던 선물을 주니 어린애처럼 좋아한다. 며칠 뒤면 아들의 사랑을 공식적으로 확인할 수 있는 날이다. 철없는 엄마는 아들에게 한마디한다.
"3일 뒤엔 엄마도 그 사랑 확인할 수 있는 거지?"
아들은 부담스러운 표정을 지으며 손가락으로 대답(ㅠㅠ)하며 돌아선다. 돌아선 아들에게 철없는 엄마는 더욱 노골적으로 마음을 요구한다.
"이번에도 작년처럼 꽃 한 송이에 설거지 쿠폰으로 퉁 치려는 건 아니겠지?(실은 그 정도면 충분하다)"
마음을 떠보려는 엄마에게 아들의 혼잣말이 들려온다.
"휴, 어떤 선물을 준비해야 하는 거야?"

지금 나는 아들과 '마음 표현 밀당' 중이다.

내면의 성장은
어떻게 이루어질까

우리는 각자 다른 재능을 갖고 태어난다. 세상의 조화를 이루기 위해서도 달라야 한다. 그러나 대부분의 사람은 '공부 재능'을 갖고 태어나길 원한다. 직업을 선택하는 데 있어 공부가 가장 큰 영향을 미치는 것은 사실이기 때문이다.

직업에 따라 삶의 질이 달라지기도 한다.
나도 아들이 공부를 잘하길 바랐고, 그러기 위해 무척 노력했다. 논술을 비롯하여 과학, 한자, 영어, 수학, 피아노, 검도, 바이올린, 우쿨렐레, 스케이트, 컵 스카우트(예전의 보이스카우트) 등 시킬 수 있는 것은 다 시켰다.
초등학교 5학년이 될 때까지 아들에게 읽어 줄 책과 아들이 읽었으면 하는 책들을 대략 1,500여 권 이상 샀다. 퇴근하고 저녁 식사 후나 잠자리에 들기 전, 아들에게 1시간 이상 책을 읽어 주었다. 주말 저녁엔 3시간 넘게 읽어 주기도 했다.
한번은 책을 읽어 주다 너무 졸려 눈이 감겼다. 엄마가 조용해지자 아들이 물었다.

"엄마, 자?"
"아니, 잠깐 생각하는 중이야."
아이는 기다리다 다시 물었다.
"언제까지 생각할 거야?"
"좀 오래 생각해야 할 거 같아."
그리고는 그대로 잠든 적도 있었다.
성대모사까지 하며 최대한 실감 나게 책을 읽어 주곤 했다. 그래서인지 아들이 유치원 다닐 때 동화구연대회에 나가서 상을 받아온 적도 있다. 초등 5학년 때까지는 성적이 나쁘지 않았다. 그러나 딱 거기까지였다. 아이도 한계가 왔고, 나도 지쳤다.

어느 날부터인가 아들은 공부하는 것을 너무 힘들어했고 성적도 계속 떨어졌다. 성적표를 받아온 날, 아들에게 불같이 화를 내고는 며칠간 곰곰이 생각하고 나서 결론을 내렸다. 앞으로 성적을 조금 더 올리기 위해 애쓴다 해도 크게 나아질 것 같지 않았다. 자칫하면 아들과의 관계가 엉망이 되겠다는 생각이 들었다. 다른 방법을 찾아야 했다. 그래서 찾은 것이 '산촌 유학(山村留學)'이었다.

아들은 시골 할머니 댁에 다녀오면 옷에 남아 있는 시골 냄새가 사라질까 봐 세탁하지 못하게 할 정도로 시골을 좋아했다. 특히, 낚시하는 것을 무척 좋아해서 농담으로 "혹시 꿈이 어부는 아니지?" 하고 물어본 적도 있었다.

여러 경로를 통해 알아본 후, 양양에 있는 ○○센터를 찾아냈다. 그 지역의 국립초등학교에 다니면서, 집 대신 센터에서 보살펴 주는 것이다.

아들은 5학년 2학기부터 산촌 유학 생활을 하기 시작하여 초등학교를 졸업하고 집으로 올라왔다. 센터에서는 많아야 7명 남짓의 한두 살 어린 동생들과 함께 생활하다가 2주에 한 번씩 토요일에 집에 올라와서 일요일에 다시 내려갔다.

아들이 산촌 유학 생활을 하는 동안 나는 일주일에 두세 통씩 편지를 써 보냈다. 그로 인해 아들과의 관계는 더 좋아졌다. 아들은 지금도 그 편지들을 보물처럼 간직하고 있다.

어느 날 아들이 고백하듯 "제일 존경하는 사람은 엄마."라고 말하는 걸 들으며 나는 인생을 잘살고 있다는 생각이 들었다. 그때 산촌 유학을 선택하여 아이를 보낸 것은 살아오면서 잘한 일 중 하나다.

집에 오지 않는 주말에는 센터에서 고구마 캐기, 고추 심기 등 직접 농사도 짓고, 강에서 마음껏 수영도 하며 자유롭게 보내기도 하지만, 자신의 할 일은 스스로 해야 했다. 옷 정리, 이부자리 정리, 운동화 빨기, 밥상 차리고 설거지하기 등 그야말로 모든 것을 스스로 했다. 동식물과 곤충들도 관찰하고, 동생들도 챙기고(아이가 하나이다 보니 이 또한 값진 경험이었다), 마음껏 뛰어놀며 몸과 마음이 쑥쑥 자란 시간이었다.

아들이 다니는 학교는 분교여서 반 친구들이 열 명도 되지 않았다. 나는 한 달에 두세 번은 아이들이 좋아할 만한 간식을 챙겨서 택배로 보냈다. 그렇게 일 년 반의 시간이 지나고 중학교에 들어갔는데 또 공부하기를 힘들어했다. 하는 수 없이 아들을 데리고 방학이면 현장 학습이란 명목으로 우리나라를 비롯하여 해외로 여행을 다녔다. 코로나가 오기 전까지 터키, 영국, 프랑스, 스위스, 이탈리아, 일본, 필리핀, 미얀마, 베트남, 캄보디아 등 10여 나라를 넘게 다녀왔다.

여행 중에는 아들이 아무 생각 없이 다니는 듯하여 헛돈만 쓰는 건 아닌가 하는 생각도 했는데, 간혹 수업 시간에 있었던 이야기를 하면서 자신이 여행하면서 본 것과 느낀 것들이 많은 도움이 되었다고 했다. 듣던 중 반갑고 다행이라는 생각이 들었다.

아들은 중학생 때부터 아르바이트를 했다. 추운 겨울과 더운 여름에도 견딜 만하다며 참고 끝까지 했다. 자기가 사고 싶은 것을 사기 위해 하는 것이지만, 살아가는 데 있어 매우 중요한 '참고 인내하는 법'을 나름대로 잘 배운 듯하여 흐뭇하다.

대학생이 된 아들은 지금도 여전히 부모와 친구처럼, 때론 인생 선후배처럼 잘 소통하며 지낸다. 가끔 주위 사람들로부터 아들에 대한 칭찬을 들을 때면 "안 먹어도 배부르다."라는 말이 무슨 말인지 알 것 같다.

내면의 성장을 이룰 수 있는 환경이야말로 진정한 '성공의 장(場)'이 아닐까. 아들을 키우며 나 역시 많은 것을 배운다.

좀 비겁하면 어때

어느새 스무 살의 의젓한 청년이 된 아들을 보니 6년 전, '중2병'으로 나도 여느 엄마들처럼 마음고생을 겪었던 기억이 난다.

퇴근해 돌아오니 중2 아들은 전형적인 사춘기의 모습을 드러내고 있었다. 엄마와 사사건건 부딪치고, 무작정 우기고, 고집을 피우며, 퉁명스럽게 대답하는 등 감정의 기복이 정점을 향해 치닫는 중이었다. 아들과 감정적으로 대치해서 좋을 게 없다는 생각에 잠깐 산책하고 오겠다며 밖으로 나왔다.

산책을 시작한 지 15분 남짓 되었을까, 살짝 삐끗하며 발목을 조금 접질렸다. 걷는 데 많이 불편하진 않았지만, 근처 벤치에 앉아서 아들에게 전화했다.

"엄마가 발목을 좀 접질렸는데, 나올 수 있겠니?"

"엄마, 꼼짝하지 말고, 거기 그냥 가만히 있으세요. 금방 나갈게요."

조금 전과는 전혀 다른 목소리로 전화를 받았다. 15분쯤 되는 거리인데, 아들은 10분도 채 되지 않아 머리를 닭 볏처럼 세운 채 달려나왔다. 그 모습을 보니, 마음 약한 아들은 엄마의 마음을 불편하게 한 것이 내심 미안했던 듯하다. 숨을 헐떡거리며 발은 어떤지 살피고 파스를 사 오겠다며 호들갑 떠는 말투와 행동이 그저 사랑스럽기만 했다.

아들의 부축을 받고 일부러 더 절룩거리며 아니, 절룩거리는 연기를 하며 걸었다. 약국에 도착하여 거의 멀쩡한 발목에 파스를 붙이고 집에 오는 동안 아들이 본다 싶으면 절뚝절뚝 '걷는 연기'를 하면서 좀 전에 하던 얘기를 마저 하자고 하니 아들은 엄마에게 성질부려서 미안하다며 먼저 사과했다.

이렇게 나는 아들의 약한 마음을 이용했다. 좀 비겁하긴 했지만 정면 돌파가 아닌, 감정의 폭풍이 휘몰아치는 골짜기를 지나가기까지 내 연기력이 많은 도움이 되었던 것 같다. '연기자가 될 걸 그랬나?' 하는 생각도 들지만, 아들의 강점과 약점을 잘 파악하여 대처한 순간이었다.

절대로
하면 안 되는 말

아이들은 초등학교 저학년 때까지는 엄마의 손길이 절실히 필요하다. 직장맘인 나도 아들의 양육이 늘 버거웠다. 아들이 아홉 살 때, 절대로 해서는 안 되는 말을 했다. 돌이킬 수 없는 '실수', 아니 평생 지옥에서 살게 될 뻔한 일이 있고 나서야 알게 되었다.

아들이 초등 2학년 때, 거짓말한 적이 있었다. 다시는 거짓말하지 않도록 훈육해야겠다는 생각으로 사랑의 매(지금 같으면 경찰서로 연행되었을지도 모른다)를 들었다. 종아리를 20대 때리고 양말과 내복, 옷가지 등을 함께 싸서 가방과 함께 현관문 밖으로 던지며 야단쳤다.
"나는 거짓말하는 너를 키울 생각이 없어."
내 다리를 잡고 울며 매달리는 아들을 현관문 밖으로 끌어내고 문을 세차게 닫았다. 우는 소리가 들렸지만, 좀 더 반성하는 시간을 갖게 하고 나서 데리고 들어오려고 현관문 안에 서 있었다.

10여 분쯤 지났을까? 너무 조용한 것 같아서 문을 열고 내다보니 현관문 앞에 쪼그리고 앉아 있어야 할 아들이 보이지 않는 게 아닌가? 순간, 가슴이 덜컥 내려앉았다. 너무 놀란 나머지 빌라 3층에서 맨발로 뛰어 내려갔다.
도로와 연결된 곳으로 나와 이리저리 미친 듯이 살펴도 아들이 보이지 않았다. 이성을 잃고 허둥대며 사방을 뛰어다니다 얼핏 저 멀리 파란 가방을 메고 걸어가는 조그만 남자아이가 눈에 들어왔다.
한걸음에 달려가서, "너, 지금 어딜 가는 거니?"라고 말하려는 순간, 내쫓을 때는 언제고 이제 와 어디 가느냐고 묻는 것이 아이에게도 혼란스러울 것 같고, 모질게 내쫓은 엄마의 자존심도 말이 아니었다.

"너 지금 어디 가는 거야?"가 아닌, "9년 동안 키워 준 아빠한테 인사도 없이 가는 거야? 안 되겠다. 들어가서 엄마한테 더 혼나야겠네!"라며 엄마의 체면을 간신히 세우고 아이의 손을 잡아끌고 집으로 돌아왔다. 너무 놀라서 정신이 혼미하고 다리가 후들거렸다. 아찔한 순간을 넘긴 후에 든 생각은 '내가 얼마나 무지하고 위험한 말'을 했는가였다. 지옥과 천당을 오간 느낌이었다.

집으로 들어와 따뜻한 우유 한 잔을 마시게 한 후 거짓말이 얼마나 나쁜 것인지 그리고 엄마가 "나가!"라고 한 말의 참뜻에 대해서 차근차근 말해 주었다. 그리고 아이한테 엄마가 하면 안 되는 말을 한 것에 대해 진심으로 사과했다. 아무리 속상하고 화가 났어도 너에게 "나가!"라고 한 말은 진심이 아니었다고, 네가 보이지 않아서 너무 놀랐다고 말해 주었다.

마음이 진정되고 나서 아들에게 물었다.
"너, 진짜 어딜 가려고 했니?"
"부동산 아주머니한테 키워 달라고 하려 했어요."

이사 온 지 얼마 되지 않아 유일하게 알고 지내는 부동산 아주머니한테 가려 했다는 아들의 말에 헛웃음이 나왔다. 이미 퇴근하여 문이 닫혀 있을 시간이었기에 조금만 늦게 현관문을 열었다면, 평생 상상할 수 없는 고통을 겪게 되었을지도 모른다. 그날 이후, 그런 말은 두 번 다시 하지 않았다.

이번 일을 겪으며 '준비되지 않은 부모'가 아이에게 얼마나 큰 상처를 줄 수 있는지 그리고 얼마나 위험한 상황에 놓일 수 있는지에 대해서 깊이 생각해 보는 계기가 되었다.

"너 때문에 엄마 너무 힘들어."(아이를 죄책감에 빠지게 하는 말)

"넌 몰라도 돼!"(자기 존재를 하찮게 여기게 되는 말)

"너 때문에 창피해."

"이게 지금 울 일이야?"

"너 하고 싶은 대로 해. 엄마는 이제 상관 안 해!"

"그냥 해 주는 대로 좀 먹어!"

"더 이상 토 달지 마!" 등.

― 리자 르테시에(Lisa Letessier, 프랑스 임상심리학자)의
《부모가 아이에게 절대로 해서는 안 되는 말 50》 중에서

세 가지만 아니면 다 해보자

아이가 다섯 살 무렵이었다.

직장맘들의 평일 아침은 전쟁이듯, 나 또한 출근 준비로 정신없이 분주했다. 식사 준비하랴, 아이 챙기랴 몸이 열 개라도 모자란 아침, 유치원에 다니는 아이는 어디서 찾았는지, 작아서 입지도 못하는 옷을 가지고 와서 입겠다고 생떼를 썼다. 어르고 달랬지만, 아이의 고집은 좀처럼 꺾이지 않았다. 아이와 실랑이하는 동안 출근 시간은 점점 다가와 더 이상 지체할 수 없었다.

더는 안 되겠다 싶어 아이가 입으려는 옷을 낚아채어 그대로 세면대에 담갔다. 나름의 극약 처방을 한 것이다. 물이 줄줄 흐르는 옷을 들고는, "이래도 입을래?" 하고 소리치자, 아이는 놀람과 원망이 담긴 눈으로 눈물을 뚝뚝 흘리며 엄마가 입으라는 옷을 겨우 입고 유치원 차에 올랐다. 아이에게 조금 미안했지만, 한편으로는 지각을 면하게 되어 다행이라는 생각뿐이었다.

아이가 아주 어릴 때부터 조르거나 보채는 것을 거의 받아 주지 않았다. 한마디로 딱 잘라서 말하곤 했다.
"안 되는 것은 안 돼. 네가 백 번, 천 번 말해도 안 되니까 더 이상 조르지 마."
그때 나는 그것이 왜 안 되는지에 대해선 설명하지 않았다. 외동아이라서 혹시라도 "오냐 오냐." 하며 키우다 버릇없는 아이로 자랄까 봐 그렇게 모질고 단호하게 대했다. 어쨌든 그날 이후 아이는 웬만해선 보채지 않았다.

아이가 초등학교 5학년이 된 어느 날, 혼자 할 수 있는 아주 작은 일도 물어봤다.
"그런 건 너 스스로 알아서 해야지."
"뭐든지, 엄마가 하라는 대로 해야 되잖아요."
순간, 뭔가 잘못되었음을 직감했다. 언제부터 잘못되었던 것일까? 그래, 바로 그날이었다. 아이의 옷을 무지막지하게 물에 담그면서 위협적으로 소리친 날. 그날 아이의 눈에는 원망과 체념이 가득했었다. 그 눈빛이 내 눈앞에 생생하게 떠올랐다. 그렇다. 나는 아주 무식한 엄마였고, 아이의 마음은 안중에도 없었다.

낡고 작아진 옷을 입혀 보내면 유치원 친구들에게 놀림을 당할 수도 있고, 무엇보다 엄마의 체면이 우선이었다. 아이는 분명 그 옷을 입고 싶은 이유가 있었을 텐데, 그것에 대해선 물어볼 생각조차 하지 않고, 짜증 내며 공포감을 주었으니 말이다.

녹록지 않은 생활 형편 때문에 아이의 마음을 챙길 마음의 여유가 없었다고 말도 안 되는 변명을 하고 싶지는 않았다. 지금 생각해 보면 엄마로서의 준비가 덜 된, '자격 미달인 엄마'였던 것이다.

엄마의 무지한 언행으로 인해 아이는 더 이상 자라지 않는 나무처럼 꿈도 멈춰 버린 것 같았다. 매사에 의욕과 자신감이 없어 보였다. 아들에게 정말 미안한 마음이 들었다.

며칠 후, 자격 미달 엄마가 저질렀던 6년 전 그 일을 아들에게 진심으로 사과했다. 그리고 아들에게 다음 세 가지만 아니면 뭐든 다 시도해 보자고 했다.

첫째, 위험하지 않다면(안전성)

둘째, 도덕적으로 문제가 되지 않는다면(윤리성)

셋째, 너한테만 좋고 누군가에겐 불편한 일이 아니라면(이타성).

그날 이후로 아이는 조금씩 의욕을 보이기 시작했고, 자신감도 생겨나는 듯했다.

올해 대학생이 된 아들이 늘 입에 붙이고 다니는 말이 있다.

"Why not?"

"Just try!"

'말뿐이 아닌, 행동으로도 옮겨야 할 텐데.' 하는 생각이 드는 건 부모의 욕심인 줄 알면서 또 욕심이 생기니, 문제는 분명히 나한테 있는 게 맞다.

형제가 생겼어요

초등 5학년쯤 되었을 무렵, 아들이 물었다.
"엄마, 나는 왜 동생도 없고, 형도 없어?"
외동아이들이 흔히 물어보는 말이었지만, 그날따라 예사롭게 들리지 않았다.
얼마 후 나는 그동안 미루고 있던 일을 실행하기로 했다.

바로 지구 반대편에 있는 아이들을 후원하기로 한 것이다.
"정원아, 네가 이 아이들에게 형이 되어주면 어떨까?"
그리곤 가장 잘 보이는 곳에 그 아이들의 사진을 아들 사진과 함께 놓아두었다. 아들은 동생들의 이름도 불러 보고, 그들의 나라도 찾아보았다. 그렇게 시작하여 올해 8년째, 한 명으로 시작하여 지금은 다섯 명의 아이들에게 작은 마음을 나누며 함께하고 있다. 후원하는 아이들의 고등교육이 끝나면 다른 아이로 다시 이어진다.
능력이 허락된다면 열 명의 아이들을 후원할 수 있기를 바란다.

동생을 낳아 주지는 못했지만, 지구 반대 편에 있는 아이들을 형이나 동생으로 만나게 해 준 것은 잘한 일 같다. 이러한 인연으로 인해 아들이 더불어 함께 살아가는 법을 배울 수 있다면 무얼 더 바라겠는가.

사랑은 항상 어려움을 동반한다.

하지만 사랑이 좋은 이유는

사랑이 가져다 주는 거대한 에너지이기 때문이다.

- 빈센트 반 고흐(Vincent Van Gogh, 1853~1890, 네덜란드 화가)

물 한 모금과 비타민 한 알

우리 집 정수기 옆에는
'365일 마음 달력'이 놓여 있다.
하루 중 물 마시러 정수기 앞에 머무는 짧은 시간에
물 한 모금과 영혼의 비타민 한 알을
삼켜 주길 바라는 마음에서 놓아두었지만,
두 남자는 물만 마시는 듯싶다.

오늘도
눈길이 닿는 순간
고개를 끄덕이며
영혼의 비타민 한 알을 삼킨다.

제2장

자녀와 엄마는 같이 성장한다

관심과 배려

과한 관심과
배려는 부담일 수 있다.

그러니
부담되게 하지 말자

누구에게든,
또
나에게도.

같은 말
다른 느낌

잔소리 듣는 것을 좋아할 사람은 없다. 물론 나도 마찬가지다.
몇 년 전, 강원도에서 올라오는 길이었다. 남편이 피곤해 보여서 내가 운전대를 잡았다. 질주 본능이 강한 내가 운전할 때마다 자동으로 남편의 잔소리가 들렸다. 물론 걱정에서 나온 말이려니 하면서도 나름 얌전히 운전한다고 생각했다.

그날따라 말이 좀 심하다고 느꼈다. 국도에서 달리면 얼마나 달린다고 폭풍 잔소리가 이어진다. 같은 잔소리로 맞대응하는 것은 내 방식이 아니었다. 그렇다고 계속 듣고 있자니 과장하면 귀에서 피가 나올 거 같았다.
조금 한적한 곳이 나오자 차를 '휙' 돌려서 '탁' 세웠다. 그리곤 남편한테 한마디했다.
"내리세요."
남편은 놀란 눈으로 '이 여자가 맞장을 뜨자는 건가?' 하는 표정으로 쳐다본다. 남편의 눈을 정면으로 쳐다보며 영화

'친절한 금자 씨'의 주인공 이영애처럼 차분한 목소리로 말하고는 차에서 내렸다.
"운전하세요."
조수석으로 가서 앉자마자 취침모드로 남편의 폭풍 잔소리를 잠재웠다.

나도 될 수 있으면 아들에게 잔소리하지 않는 편이다.
다만, 잔소리를 다른 말로 대신한다.

게임 좀 그만했으면 할 때,
"정원아, 운동을 골고루 해야지. 손가락 운동만 하면, 손가락에 너무 무리가 가지 않을까?"

저녁상 같이 차리자고 말하고 싶을 땐,
"정원아, 오늘 저녁 백반은 15,000원인데, 돈을 내거나 아니면 상차림을 돕거나 선택은 네가 해라."

늦은 시간 야식 달라고 하면,
"손님, 701호는 아홉 시 이후에는 셀프인데 모르셨군요."

"방 청소 좀 해라." 대신
"아이쿠, 우리 후배님. 백화점 차리셨군요. 그런데 이렇게 늘어놓으면 상품의 가치가 없어 보일 텐데요."

음식도 어떻게 차리느냐에 따라 손이 가기도 하고, 그렇지 않기도 한 것처럼 같은 말도 어떻게 하느냐에 따라 받아들이기도 하고 거부하기도 한다.

열 살 셰프의
오므라이스

아들이 열 살 남짓 되었을 때다,
퇴근해 집에 오니 "엄마 배고플까 봐 오므라이스 해 놓았어요" 한다. 지금도 남아 있는 사진 속 그 오므라이스는 객관적으로 평가해도 맛있었다.
"어떻게 이렇게 맛있게 했어?" 하고 물었더니 전에 아빠가 하던 그대로 따라 했단다. 돈 주고도 먹어 볼 수 없는 열 살짜리 요리사가 만들어 준, 세상에서 가장 맛있는 오므라이스를 먹으며 엄마를 생각하는 기특한 마음과 요리 솜씨에 감동했던 순간을 지금도 잊지 못한다.

가까운 지인 중에 어릴 때 화재 사고로 전신에 큰 화상을 입은 분이 있다. 그 트라우마로 두 아들을 불 근처엔 얼씬도 못하게 하여 중고등학생이 된 지금도 라면 하나 끓여 먹지 못한다. 아이들이 평생 불을 피해 살 수는 없는 일, 안전수칙을 지키며 자신의 일은 스스로 할 수 있도록 도와주는 것이 부모의 역할일 것이다.

당황할수록 침착하게

금요일 오후 5시가 조금 넘은 시간에 아들한테서 전화가 왔다.
"친구 생일이라서 코노(코인 노래방)도 가고, 친구들과 맛있는 것도 먹고, 조금 놀다가 들어갈게요."
"그래 알았다. 건재(건전하고 재미있게)하게 놀다 와."

아홉 시가 조금 넘은 시간, 아들은 현관문의 비밀번호를 몇 번씩 다시 누른 후에야 겨우 문을 열고 들어왔다. 아들 뒤를 따라 방으로 들어가니 혼자 있고 싶다고 했다.
얼마 후 아들 방에서 코 고는 소리가 들렸다. 잠시 후 아들 방에 들어가 입 가까이에 대고 냄새를 맡아 보니 알코올 냄새가 훅하고 났다. 아들이 벌써 술을 마실 거라고는 상상하지 못했기에 너무 당황스러웠다. 방문을 조용히 닫고 나와서 마음을 가라앉힌 후 잠시 눈을 감고 생각했다
'자는 놈을 깨워서 혼을 낼까, 아니면, 아빠한테 일러 버릴까?'

가장 현명한 방법을 찾아 보기로 하고, 그날 밤은 그렇게 지나갔다.

다음 날 아침 11시가 다 되어갈 즈음 아들을 깨웠다.
"정원아, 밥 먹자."
우연을 빙자한 '콩나물 김칫국'을 끓여 늦은 아침을 먹으며 물었다.
"어제 재미있었니? 친구 생일인데 일찍 들어온 거 보면 많이 피곤했나 봐. 일찍 잠들었던데?"
"응."
아들은 짧게 답한다. 더 이상 따져 묻지 않았다.
"오늘도 피자집에서 아르바이트하는 여자친구 도와주러 갈 거니?"
"가긴 가야 해야 하는데…."
아들은 말끝을 흐린다.
결국, 아들은 그날 알코올 후유증으로 여자친구를 도우러 가지 못했다.

최대한 평온한 척, 아무 일도 없는 척, 그렇게 토요일이 지나고 드디어 일요일, 내 '생일선물'로 받은 12장의 데이트 쿠폰은 쓰기로 했다.
"정원아, 엄마 먼저 내려가 있을게, 천천히 내려와."
1층에 차를 대고 기다리니 아들이 내려와서는 예상 밖이라는 표정으로 나를 쳐다본다. 매번 집 근처 공원을 걸으며 얘기했는데, 오늘은 차로 움직이는 것이 긴장감을 준 모양이다. 어제 아들이 놀았던 동네인 호평동으로 차를 몰았다. 아들은 좌불안석이다 '엄마가 어제 술 먹은 장소를 확인하러 가는 걸까?' 하고 생각한 모양이었다.
호평동을 지나 옆 동네로 향하니, 이젠 '여자친구가 있는 곳으로 가는 걸까?' 하는 불안한 기색이 느껴졌다. 속으로 아들의 불안해하는 걸 은근히 즐기고 있었다.

그렇게 달려 마땅한 곳을 찾다가 햄버거 집에 주차하고 들어갔다. 간단한 메뉴를 주문하고 잠시 뜸을 들인 후, 아들에게 물었다.

"요즘 무슨 고민 있니?"

"아니요."

"그럼 무슨 속상한 일이라도 있는 거니?"

"아니요."

"근데, 왜 금요일엔 그렇게 술을 많이 마신 거야?"

순간, 놀란 토끼 눈이 이런 거구나 싶을 정도로 커진 눈으로 나를 쳐다본다.

"그냥 마셔 보고 싶었어요."

"그랬구나. 그런데 내년까지는 미성년자인 거 알고 있지? 물론 미성년자가 술을 마신 게 죽을죄를 지은 건 아니지만, 결코 잘한 일도 아니야."

아들도 고개를 끄덕인다.

미성년자가 술을 마시면 안 되는 이유를 가능한 '짧고 굵게'

설명하고, 성인이 되기 전에 또 술을 마시게 될 일이 생긴다면 미리 말해 달라고 했다.

성인이 되는 동안 심증(心證)은 가나 물증(物證)을 찾지는 못했다. 미리 말해줄 거라고 믿는 내 머리 위에 앉아 있었을 텐데…. "모르는 게 약이다."라는 속담은 이럴 때 해당하는 말인듯 싶다.

시급 8,730원의 교훈

올해 대학생이 된 아들은 요즘 코로나로 인해 일주일에 두 번만 대면 수업을 받는다. 그것도 곧 여름방학이 되면 종일 '자유인'이 될 상황이다.
"정원아, 이번 여름방학엔 아르바이트 안 할 거니?"
"중학교 2학년부터 방학 때마다 아르바이트했는데 지난 겨울방학에 40일 동안 하루 종일 육우 가공업체에서 알바했을 때 정말 힘들었어요. 그래서 이번 여름방학엔 그냥 쉬려고요."
"그랬구나. 너보고 돈 벌어 오라는 게 아니라, 계획 없이 쉬는 것보다 사회성도 기르고 용돈도 벌 겸 아르바이트하는 게 좋지 않을까 해서 물어본 거야. 그럼 쉬어도 계획 있게 쉬어야지, 손가락 운동(게임하는 걸 이리 말한다.)만 하는 건 아니지 않을까?"
"생각해 볼게요."

아들이 처음 아르바이트한다고 했을 때 말리지는 않았지만, 그냥 공부나 열심히 하면 좋겠다고 생각했다. 백화점 주차 안내 아르바이트를 했을 때도 친구들은 며칠 안 가 다 그만두었는데, 방학이 끝날 때까지 겨우내 다니는 걸 보고 '인내력을 키우나?' 하는 생각에 응원하는 마음으로 지켜보았다.

고등학교 1학년 여름방학엔 유명 한식집에서 아르바이트 했다.
"엄마, 이번 아르바이트는 너무 힘들어서 그만두려구요."
"많이 힘들었구나. 어떤 일이었는데?"
하루 종일 손님상을 차리고, 식사 후 테이블을 정리하고 다시 차리는 일이었는데, 좌식 테이블이라 수도 없이 '앉았다 일어났다'를 반복하니 허리가 끊어질 것 같았다고 했다.
잠시도 쉬는 시간이 없는 그곳에서는 직원들이 교대로 점심을 먹는다고 했다. 배는 고픈데 같이 일하는 아르바이트생들의 식사하는 시간이 너무 오래 걸려 아들은 기다리는 친구들 때문에라도 빨리 먹고 나와야겠다고 생각했단다. 차례가 되어 들어가 5분도 안 되어 후다닥 먹고 나오자마자 곧 후회했단다. '아, 바로 일해야 하는구나. 그래서 아르바이트 생들이 국이 다 식을 때까지 입으로 불고, 천천히 밥을 비비고 있었구나!' 그제야 이해되었다고 한다.

그렇게 하루가 끝나고 시급을 계산하는 시간에 사장님이 아들에게 물었단다.
"오늘 아르바이트하러 온 학생 중에서 네가 가장 일 잘하더라. 내일도 나올 거지?"
"아니요."라고 말하고 싶었는데, 얼떨결에 "네!"라고 대답했단다.
"얼떨결에 간다고 대답했는데, 이 일은 정말 못 하겠어. 이래서 '공부해야 하는구나!'라는 생각이 들었어."
나는 속으로 '유레카(Eureka)!'를 외쳤다.
'시급 8,730원의 깨달음'이 인생의 큰 깨달음으로 연결되면 좋으련만…. 이러한 작은 깨달음들이 모여 인생을 이해하게 되는 날이 오길 기대해 본다.

12장의
데이트 쿠폰

간간이 동영상 강의를 녹화한 적이 있어서 카메라 울렁증은 없는 편이었다. 그런데 이번에 진행하는 토크쇼는 30분 중 내 분량이 고작 10여 분인데도 며칠 동안 끙끙댔다.
어슬러 K. 르귄은 6분의 연설을 위해 6개월을 준비했다는데, 나는 10여 분을 위해 고작 3일 정도밖에 준비하지 않아 흡족하진 않았지만, 잘 마무리하고 집에 도착하니 아들이 반겨 준다.
"강의 녹화 잘했어요?"
"거기 담당 실장님이 '내 팬 됐다.'고 하는 거 보니 나쁘지는 않은 거 같아."
내 말이 끝나자마자 "나도 엄마 팬인데," 한다. 아들이 내 팬이라고 하니 기분이 묘했다. 고맙다는 말과 함께 커피 한잔을 부탁했다. 커피를 내리러 가는 아들을 보며 그날이 떠올랐다.

아들이 사춘기 무렵, 내 생일선물로 '12장 데이트 쿠폰'을 선물해 달라고 했다. '아들과의 데이트 쿠폰 12장, 유효기간은 1년'. 내게는 이 쿠폰이 천만 원짜리 수표보다 더 값진 선물이었다.

한창 감정의 기복이 심한 사춘기 아들의 정서를 다독이려는 의도로 제안한 것인데 현금이 들지 않으니 흔쾌히 받아들인 것 같다. 어찌 되었든 내 의도는 성공했다.

12장의 쿠폰 중 첫 번째 쿠폰을 쓰는 날, 아들과 근처 공원을 산책했다. 친한 친구의 안부를 시작으로 이런저런 얘기를 하다 아들에게 물었다.
"혹시 닮고 싶은 사람이 있니?"
없다고 하거나, 유일하게 즐겨 읽던 자연주의 철학자 '소로'라고 대답할 것으로 생각했다. 아들은 잠시 생각하더니, "엄마요."라고 한다. 의외의 대답에 잘못 들은 거 같아서 다시 물었다.
"누구라고?"
"엄마라구요."

"왜 엄마라는 생각을 했어?"
"엄마는 정말 훌륭한 사람인 거 같아요. 모든 면이 그렇지만, 특히 엄마의 인내심과 평정심을 정말 닮고 싶어요."
"왜?"
"엄마가 아빠랑 대화할 때 보면 말도 되지 않는 것으로 고집을 꺾지 않으실 때, 저도 옆에서 '제발 엄마 말 좀 들으세요.' 하고 소리치고 싶을 때가 많거든요. 그런데 엄마는 한결같이 차분하게 설명하고, 끝까지 들어주며 아빠를 이해시키시는 것을 보면서 엄마의 인내심과 평정심이 깊은 저수지 같다는 생각이 들었어요."
부족한 엄마를 그렇게 생각해 주는 것이 고맙기도 하고, 부끄럽기도 했다. 훌륭한 인물도 많은데, 엄마가 닮고 싶은 사람이라니…. 실망하지 않도록 더 열심히 살아야겠다는 생각도 들었다. 6년이 지난 지금도 여전히 내 팬이라니 고마울 따름이다.
오늘따라 아들이 내려 준 커피 향이 유독 구수하고 진하게 느껴진다.

아들의 성장이
서운했던 날

주말 저녁이라 그런지 도로가 한산하다. 6시쯤 되었는데 벌써 어둑어둑해졌다. 보름 뒤면 일 년 중 밤이 가장 긴 '동지'이니 그럴 만도 하다.
시댁의 작은아버님이 발병한 지 서너 달도 채 되지 않아 갑자기 생을 달리하셨다. 장례식장에서 돌아오는 길에 어느새 커버린 아들에게 서운함을 느꼈던 그날이 떠오른다.

아들이 초등학교 3학년이었던 11월 어느 날, 퇴근하고 집에 돌아오니 욕실에서 서럽게 울고 있었다. 깜짝 놀라 왜 우는지 물어봐도 말없이 울기만 했다. 거실로 데리고 나와 한참을 어르고 달래며 물으니, 엄마가 늙어서 먼저 죽게 될까 봐 슬퍼서 자꾸 눈물이 난다고 했다. 지금은 좋은 약이 많아서 백이십 살까지 살 수 있다고 해도 여전히 눈물이 그렁그렁했다.
"그럼 우리 정원이가 공부 많이 해서 죽지 않고 오래오래 살 수 있는 약을 만들면 되지?"

내 말을 이해한 건지, 아니면 공부하기가 싫은 건지 그제야 우는 것을 멈추었다.

그 후 7년쯤 지난 어느 날이었다.
"엄마가 나이 들어 먼저 죽으면 우리 아들 어떡하나?"
"엄마, 인생이라는 게 다 그런 거예요. 죽지 않는 사람은 없어요."
'죽지 않는 사람은 없다.'는 걸 모르는 사람은 없는데 왜 이리도 서운하게 들리는 걸까, 엄마가 죽을까 봐 울고불고하던 아들이 어느새 자라서 이런 말을 하는 걸 보면 다 컸다는 생각과 함께 "품 안에 자식일 때가 좋다."는 말이 실감 난다.
훌쩍 자란 아들의 말이, 다시 오지 않을 2021년 11월의 가을과 생을 달리한 작은아버님의 뒷모습처럼 쓸쓸하게 느껴진다.

평범한 날을
특별한 날로

아들 전화는 특별한 게 별로 없다.
방금 온 전화의 발신자도 아들이다.
"장학금 신청할 수 있는 대상자라 조금 전에 신청했어요."
"울 아들 멋진데. 들어가서 치킨파티라도 해야겠다."
축하의 말을 하며 전화를 끊고 나니 그날이 떠올랐다.

아들이 사춘기의 정점인 중2의 어느 날 아침이었다.
"학교 가기 싫은데 안 가면 안 돼?"
"학교 가기 싫은 이유라도 있니?"
"그냥 가기가 싫어서."
"그래? 그럼 그렇게 하렴. 시간이 많이 지난 뒤, 어쩌면 매일 학교 갔던 날보다 오늘이 더 기억날 수도 있겠네."
그렇게 말하고는 무심한 듯 슬쩍슬쩍 지켜보니 방에서 뒹굴뒹굴하며 시간을 보내고 있었다. 저녁을 먹으며 물었다.
"오늘 학교 가지 않고 놀아 보니 어땠어?"
"종일 심심했어요. 그냥 학교 가는 게 낫겠어."

"그래? 난 또 며칠 도라도 닦을 줄 알았더니…."
어깨를 으쓱하고, 고개를 갸우뚱하며 아들의 사춘기적 반항쯤은 대수롭지 않은 척했다. 그렇게 학교 가기 싫은 '뒹굴의 반란'도 하루 만에 끝내니 그저 고마울 뿐이었다.

그날 이후, 대학생이 된 지금까지 "학교 가기 싫다."라는 말을 단 한 번도 한 적이 없다. 그런데 생각지도 않았던 장학생 대상자라니…. 그날, 종일 뒹굴뒹굴하는 아들을 '특별한 경험을 하는 날'쯤으로 눈감아 주길 잘했다는 생각이 든다.

공감력도
유전일까?

아들은 고등학교 마지막 겨울방학을 친구와 같이 '육우 가공업체'에서 하루 8시간씩 아르바이트를 했다. 버스로 한 시간 넘게 걸리다 보니 8시 50분까지 출근하기 위해 7시에는 일어나야 아침밥을 먹고 갈 수 있다.

2020년 초부터 시작된 코로나19가 기승을 부리던 때라 버스 타는 것이 걱정되었다. 아르바이트하는 것은 말리지 못했지만, 하지 않기를 바라는 하는 마음이 더 컸다.

요즘은 나도 한가한 터라 아침엔 내가, 저녁엔 아빠가 아들을 출퇴근시키기로 했다. 집에서 출발하여 5분 거리에서 기다리는 친구까지 태워 출근시키는 일명 '아르바이트생 출근시키기'가 아르바이트 끝날 때까지 이어졌.

'아르바이트생 퇴근시키기'는 남편이 맡았다. 아들 친구의 집은 큰 도로에서 10분쯤 들어가 있다 보니 집 앞까지 데려다주고 집에 오면 족히 20분은 더 걸렸다. 지난겨울은 유독 추운 날이 많았기에 집 앞까지 데려다주어야 마음이 편하다고 남편은 하루도 빠짐없이 열성을 다했다.

아르바이트가 끝나기 하루 전날은 구정 전이라 일이 언제 끝날지 모르니 알아서 가겠다며 오지 말라는 아들의 메시지가 왔다. 결국 밤 11시가 되어 일이 끝났다. 나는 아들에게 메시지를 남겼다.
"버스도 거의 끊긴 시간이니 택시 타고 오렴. 도착 5분 전에 전화하면 택시비 가지고 내려갈게."
 아들이 친구에게 택시비를 반반씩 부담하여 타고 가자고 제의하자, 친구는 굳이 버스 타고 가겠다고 했단다. 몇 번을 말해도 친구의 생각이 바뀌지 않자, 아들은 조금 화가 난 모양이었다.
"우리 엄마 아빠가 매일 태워 주었으니 이번엔 네가 택시비 한번 내줄 수 있지 않냐?. 더구나 너는 지금 돈도 있잖아."
"너희 엄마 아빠가 태워 준 거지, 네가 태워 준 건 아니잖아?"
친구의 대답을 들은 아들은 어이가 없었다고 했다. 더 이상 얘기하고 싶지 않아 혼자 택시 타고 가려고 했지만, 아무래도 그건 아닌 것 같아서 같이 가자고 하니 냉큼 올라타더란다. 친구를 태우고 오다 집 근처에서 내려주었다고 했다.

그 이야기를 듣고 많은 생각이 들었다. 한 달 보름을 아들과 함께 출퇴근시켜 주긴 했지만, 그 친구 말도 틀린 말은 아니다.
'우리 아들이 태워 준 건 아니지. 그렇다고 택시에 타라고 하니 냉큼 올라타고 온 건 어떤 마음에서였을까?'
그 친구 부모도 한 번쯤은 나와서 인사할 법도 한데, 단 한 번의 인사도 없었다. 인사를 받으려는 마음에서 태워 준 건 아니지만, 의문이 든 것도 사실이었다.
'이 친구가 부모에게 말하지 않았다면 모를 수도 있겠지.'

아직은 학생이라 몰라서 그렇다고 할 수도 있다, 하지만 사회생활을 하게 되면 절약⑵ 정신이 몸에 배어 저축은 많이 할지 몰라도, 상대의 마음을 헤아리는 마음이 부족하다는 말을 듣게 되지는 않을까? 하는 염려가 되기도 했다.

유치할수록
가까운 마음의 거리

올해 스무 살이 된 아들은 아직도
현관문 비밀번호 누르는 소리가 나면
얼른 몸을 숨긴다.
그리곤 내가 들어가면 나를 놀라게 한다.
발등이 다 보이고, 숨어 있는 머리카락이 보여도
나는 100번이면 100번 다 속아 준다.
그래서 유치한 초등학생 같은 행동을
지금까지 계속하고 있는지도 모르겠다.

얼마 전, 아들이 들어오는 소리가 나자
나도 얼른 아일랜드 식탁 아래로 숨었다.
아들은 "엄마 핸드폰도 있는데 어디 갔지?" 하며 찾다가
어설프게 숨어 있던 머리가 보여서 금방 들통났다.
아무래도 나는 술래가 맞는 것 같다.

이렇게 유치한 행동으로 인해 나와 아들의 마음의 거리는
늘 가깝게 느껴진다.

마음과
다른 말

사춘기 때 아들은 가끔 마음에도 없는 말을 하고는 금방 후회하곤 했다. 그리고는 메시지를 보낸다.

"엄마 마음 많이 몰라 주고 내 생각만 하고 말했던 거 같아.
시험 끝나고 학원도 끝나서 남은 시간에 놀고 싶었는데
별로 놀지 못해서 조금 아쉬웠어.
그래도 오늘 말실수한 거는 정말 잘못했다고 생각하고 반성하고 있어.
엄마가 해 준 말씀들 잘 새겨들을게요.
나도 아들이라는 역할이 처음이라서 항상 새로워.
똑같은 날을 두 번 경험할 수는 없으니까.
그래서 실수도 하고 여러 가지 감정을 느끼는 거 같아.
그렇다고 오늘 한 실수가 잘했다는 건 결코 아니야.
확실히 잘못한 게 맞지만, 내 마음과 다른 말을 했던 거 같아.
앞으로는 엄마, 아빠 입장에서도 생각해 보고 행동할게.
아직은 내가 아들로서 부족한 점이 많지만,

앞으로 더 듬직한 아들이 되어 볼게.
요즘 내가 엄마한테 상처를 많이 준 거 같아서 정말 죄송했어요.
엄마, 사랑해요!"

아들의 메시지를 받으면 사랑스럽기도 하고, 잘 성장하고 있는 듯하여 고마운 마음도 든다.

스무 살 CEO

스무 살 생일을 맞는 아들에게 어떤 선물을 주면 좋을까? 물론 두둑한 현금 봉투를 가장 좋아하겠지만, 부담스러운 것도 사실이다. 그 돈을 잘 보관할 리 없기 때문이다. 오래도록 기억에 남는 선물을 주고 싶었다.

고민 끝에 비전(vision)을 담은, 4단으로 접는 명함을 만들어 주기로 했다

〈앞면〉

스마트 스토어 찐기스칸 대표(당근마켓 운영): *정원

office: 경기도 ***시 **동 ***번지

Mobile: 010 **** ****

e-mail: gyuri2529@naver,com

현재직업: 사업가 & 학생(ㅇㅇ대학교 e-business학과, 21학번)

〈뒷면〉

* 담당 변호사: 홍길동(010-****-****)

* 자문위원: 엄마 전규리(감성이미지연구소 대표, 010-****-****)

　아빠 윤진섭(한일금속 대표. 010-****-****)

　할머니 최숙자(가족사랑, 부모사랑 대표, 010-1234-5678)

　(강원도 가족사랑에서 뽑은 우리나라 최고의 따뜻한 할머니 3인 중 한 분)

* 프로필: 중2 때부터 롯데백화점 주차 안내 아르바이트 시작.

　맛집, 갈비집, 육우 가공업체, 명품 브랜드 매장 정리 10여 곳에 서 아르바이트 경험.

* 존경하는 인물: 부모님, 할머니, 헨리 소로(자연철학자)

　(나는 시골에 다녀오면 시골 냄새가 사라질까 봐 그 냄새가 나지 않을 때까지 지 옷을 세탁하지 못하게 할 정도로 시골을 좋아한다.)

* 취미: 낚시(낚시를 너무 좋아해서 부모님은 내가 어부가 꿈이냐고 물어보 기도 했다)

　장난치기(100번을 장난쳐도 속아주는 엄마 때문에 장난치기가 날로 늘어가는 게 걱정된다)

* 장점 및 특기: 현장 적응 능력 뛰어남(친구들 인정), 분위기 파악 빠름, 감정을 잘 읽어냄,

운동을 좋아함, 특히 달리기, 자전거 타기, 설거지하기, 양말 짝맞추어 가지런히 널기, 음식 맛 평가하기, 유전자 덕분으로 센스 있음, 재활용 분리수거 잘함.

* 하고 싶은 일: 세계여행 및 오지 탐험하기

* 어린 시절 부모님의 조언 중 가장 기억에 남는 말
  1) "세 가지만 아니면 다 해봐라."(안전성, 도덕성, 이타성)
  – 생명을 위협하는 일인지, 도의적으로 문제는 없는지, 자신한테만 이로운 일인지 적용해 보고 그 외엔 다 해봐라, 실수도 경력이다, 실수하지 않고 성공하는 것은 모래 위의 성이 될 수도 있다.
  2) "20년 후에 잘했다고 생각하는 것과 후회할 것 같은 것을 구별해서 잘 선택해라."

불합리한 상황이 되었을 때 보호받을 수 있고, 전적인 지지와 조언자가 있다는 것으로 아들을 보호해 주고 싶었다.

올해부터 개정된 자기 관리법

개정 전) 주 3회만 운동하면 된다.
개정 후) 운동하지 않은 날은 한 끼만 먹는다.

개정 전) 책은 짬짬이 읽는다.
개정 후) 책은 일어나자마자 읽는다.

개정 전) 카톡은 수시로 확인한다.
개정 후) 카톡은 가능한 정해진 시간에 확인한다.

개정 전) 올해는 입지 않았지만, 내년엔 꼭 입을 옷이다.
개정 후) 한 계절이 지나도 입지 않은 옷은 의류수거함에 넣는다.

개정 전) 약속 시각 5분 전에 도착하면 된다.
개정 후) 약속 시각 15분 전에 도착해야 한다.

개정 전) 필요한 물품은 즉시 주문한다.
개정 후) 필요한 물품은 장바구니(인터넷)에 담아 일주일 보관한다.

- 김밥 파는 CEO 김승호의 《자기경영노트》에 나오는 문구를 패러디한 글

제3장

나 자신과 연애하듯 밀당하기

나를 향한 구애

부족한 나도 사랑해.
노력하는 나는 더 사랑해.
노력을 지속하는 나는
사랑받을 자격이 있어.

나를 길들이는 프로젝트

나는 새벽 2시에도 운동하고, 3시쯤 잠들기도 하는 전형적인 '저녁형 인간'이었다. 오전 9시에 지방 강의가 있을 때는 거의 잠을 자지 못한 상태였기에 강의가 끝나면 종일 비몽사몽이다.

이런 나를 '아침형 인간'으로 바꾸려고 여러 번 시도했지만, 몸이 완강히 거부했다. 실패를 거듭하자 스스로 위로하며 변명했다.
"저녁형 인간으로 살아도 나쁘지 않아."
이렇게 '저녁형 인간'으로 살기로 마음을 굳혔는데, 어느 날 문득 '저녁형 인간'으로 40년 넘게 살아왔으면, '아침형 인간'으로도 좀 살아 보자는 생각이 들었다.
나를 길들이는 방법을 야심차게 준비했다. 그동안 실패를 거듭한 나로서는 치밀하게 준비해야 했다.

- 정신적으로는 마인드 컨트롤하기

- 물질적으로는 잠들기 6시간 전에 카페인 섭취하지 않기
- 환경적으로는 늦어도 10시 전에 취침하기

이처럼 일상의 모든 것을 다시 조정했다. 일명 '내 몸도 눈치 채지 못하게 나를 길들이는 프로젝트'였다. 오전 5시 59분부터 1분씩 당겨서 알람을 설정하고, 일주일씩 같은 시간에 일어나는 것을 시작으로, 한 달에 4분에서 5분만 일찍 시작하는 것으로 내 몸을 속이기 시작했다. 그렇게 석 달쯤 지나니 5분씩, 10분씩 앞당겨도 적응이 되었다. 그렇게 일 년쯤 지나니 원하는 시간에 일어날 수 있게 되었다.

하루의 시작은 오전 3시 30분이 되었다. 읽고 싶은 책과 읽어야 할 책을 읽어도 5시 30분이다. 책 읽기가 끝나면 1시간 이상 글 쓰고, 운동한다. 외부 스케줄이 없는 날은 글쓰기 시간을 최대한 여유 있게 갖는다. 바쁜 날은 시간을 단축하여 읽기, 쓰기, 운동은 꼭 하기로 자신과 약속했다.

'태산지류천석(太山之溜穿石, 태산의 물방울이 바위를 뚫는다)'이란 말이 있듯이, 이렇게 모인 시간이 '평범한 일상 속에 숨겨진 비범함'이 되는 데 쓰이기를 바라며 오늘도 변화된 나의 미래를 꿈꾼다.

흔한 추억
&
소중한 추억

공원을 산책하고 있는데 핸드폰이 울렸다. 아들이었다.
"엄마, 나 자장면 하나만 시켜 주세요."
주말이라 방에서 뒹굴다가 배가 고픈지 자장면을 시켜 달란다. 자장면을 주문하고 나니 어린 시절 자장면을 먹기 위해 동전을 모았던 추억이 떠오른다.

열네 살 때 자장면 한 그릇 값은 450원이었다. 초등학교 졸업식 날, 자장면을 먹을 줄 알았는데, 자장면은커녕 가족 중 누구도 오지 않았다. 아무도 오지 않은 서운함보다는 자장면을 얻어먹지 못한 서러움이 훨씬 컸다. 자장면을 꼭 사 먹고 말겠다는 생각으로, 두 달 동안 동전을 열심히 모았다. 드디어 450원을 모은 날, 집에서 30분쯤 떨어진 시장을 향해 걸었다. 강원도의 3월은 초겨울만큼이나 추웠지만, 추위쯤은 아무렇지도 않았다. 그토록 먹고 싶었던 자장면을 먹을 수 있게 된 기쁨에 춥다는 걸 느낄 겨를이 없었다.
30여 분을 걸어 시장에 도착해 자장면집을 찾아 헤매기 시작했다. 시장 안에 있는 자장면집을 찾아 같은 길을 열 번 넘게 오르락내리락한 것 같았다. 작은 면(面) 소재지라 식당이 많아 봐야 열 집이 조금 넘을 듯한데, 자장면집이 보이지 않았다. 그제야 발이 시리다는 것이 느껴졌다. 십 원짜리 동전과 오십 원짜리 동전을 가득 쥐고 있던 손은 감각조차 느낄 수 없었다. 혹시 동전 한 개라도 잃어버리면 '설움과 설렘으로 가득한 자장면'을 먹지 못하게 될까 봐 손에 피가 통하지 않을 정도로 꽉 쥐고 있었던 것이다.

배고픈 것보다 그렇게 먹고 싶었던 자장면을 먹지 못한 속상함에 금방이라도 눈물이 뚝뚝 떨어질 것 같았다. 더 이상 자장면집을 찾아 헤매기엔 너무 지쳤다. 세 명의 동생을 두고 혼자 먹으려고 시내를 그렇게 헤매고 다닌 것에 미안한 마음도 들어 근처에 있는 가게로 들어갔다. 자장면 먹을 돈으로 동생들이 좋아하는 뽀빠이, 초코파이, 뻥튀기 등의 과자를 사서 무거운 발걸음으로 되돌아갔다. 돌아오는 길은

올 때보다 열 배는 더 멀게 느껴졌다.

중국 음식점에서 자장면을 팔고 있다는 것을 모르고 '자장면'이라는 글자만 찾아 헤매던 그때를 생각하면 지금도 웃음이 나온다. '궁핍과 서운함'으로 인한 어린 시절의 추억인데, 요즘 아이들은 그런 추억을 만들고 싶어도 그럴 수 없기에 더욱 소중하고 귀하게 느껴진다.

어딜 봐서
1인분만 먹게 생겼어요?

5월의 봄과 10월의 가을은 맛있는 음식을 아껴먹듯 아주 조금씩 아껴먹고 싶은 그런 시간이다. 설레는 마음으로 떠나고 싶은 계절의 지방 강의는 선물과도 같다. 이번에도 공식적으로는 강의하러 가지만, 비공식적으로는 나 자신과 데이트하는 설렘을 안고 집을 나섰다.

새벽 5시에 출발하여 도착한 곳은 광주의 여성ㅇㅇ센터. 오전 9시 30분부터 여성들의 자기 관리와 이미지 코칭까지 3시간 강의를 끝내고, 지인이 소개해 준 유명 맛집으로 점심 식사하러 달려가니 1시가 다 되었다. 허기진 뱃속에선 뭐든 넣어 달라고 아우성이다. 그도 그럴 것이, 강의 전에는 빈속이 편해서 아무것도 먹지 않은 탓이다.
워낙 유명한 맛집이라 그런지 큰 대기실이 먼저 눈에 들어온다. 그런데 코로나로 인해 대기실은 텅 비어 있다. 식당 안도 한가한 분위기라 코로나로 인한 긴장감은 내려놓아도 될 것 같다.

식당 안은 깔끔했다.
"몇 분이세요?"
"한 사람이요."
내 말을 들은 젊은 남자는 무심한 표정을 지으며 1인분 식사는 안 된다고 한다. 순간, 여러 생각이 스치고 지나갔다. 집으로 올라가는 방향에서 30분이나 벗어나 여기까지 온 것도 억울하고, 맛집이라는 소문도 확인해 보고 싶었다.
메뉴가 탕 종류인 걸 보니 젊은 남자의 말도 이해되었다. 미리 전화를 해보거나, 지인한테 물어봤으면 이런 난감한 일은 벌어지지 않았을 텐데…. 배는 고프고, 젊은 남자의 태도도 살짝 불쾌하게 느껴져서 그냥 돌아설 수 없었다.
"제가 어딜 봐서 1인분만 먹게 생겼어요?"라고 큰소리치고 싶었지만, 그러기엔 내 체구가 좀 더 커야 했다. 하는 수 없이 우회 화법으로, '할 말도 하고, 배도 채우고, 체면도 지키는 말'을 하기로 했다.

장부를 뒤적이는 남자를 향해 말했다,
"혼자서 2인분 식사하면 안 되는 건 아니죠?"
"아, 예. 되긴 하는데, 혼자서 드시기엔 양이 많을 텐데요."
'그런 걱정까지 할 필요는 없지 않나요? 내 돈 내고 내가 먹겠다는데. 그렇게 걱정되면 1인분도 팔지 그래요.' 하는 반감이 살짝 올라왔지만, 태연한 표정으로 말을 이어갔다.
"오늘은 입맛이 별로 없어서 2인분만 주문하려고요, 추가도 가능하지요?"
한껏 호기를 부리며, 맛있으면 포장해 갈 생각으로 남자가 안내하는 안쪽 자리에 앉았다.

음식은 소문대로 정말 맛있었다. 반찬도 깔끔하고 맛있었지만, 시래기 새우매운탕은 "둘이 먹다 하나가 죽어도 모른다."는 속담대로였다. 국물은 추어탕처럼 구수하고 걸쭉했다. 시래기도 부드럽고, 민물새우는 어찌나 많이 넣었는지 호기를 부리길 잘했다는 생각이 들었다.

배고프기도 했지만, 평소에 뭐든 잘 먹는 편이 아닌 내가 밥 한 공기를 다 먹고도 더 먹고 싶을 만큼 맛있었다. 젊은 남자가 '2인분을 다 먹을 기센데?' 하고 놀라는 표정이 눈에 들어왔다.

밥 한 공기를 다 먹을 때쯤 되니 포만감이 가득했다. 뚝배기 안에는 탕이 반이나 남아 있었다. 조금씩 덜어 먹었기에 포장해 달라고 해도 되겠지만, 밥을 다 먹기 전에 추가 주문을 해야 호기 부렸던 것이 조금 덜 부끄럽게 느껴질 것 같아 얼른 벨을 눌렀다.

젊은 남자가 내 식탁으로 다가왔다. 태연하게 그러나 살짝 거만한 말투로 물었다.

"음식이 제 입맛에 딱 맞네요. 1인분 추가 가능하지요?"

남자는 의아한 눈빛으로 대답했다.

"네, 가능합니다."

몇 숟가락 더 뜨니 밥 한 공기가 다 비워졌다. 나는 다시 벨을 눌렀다.
남자가 천천히 다가왔다.
"너무 맛있어서 제가 욕심을 부렸네요. 남은 음식 포장 가능하지요?"
"네. 음식 포장비는 천 원이 추가됩니다."
1인이 들어와서 결국 3인분을 먹은 셈이 되었다.

배를 가득 채우고 차에 오르니 포만감을 넘어 불편함이 느껴져 결국 편의점에 들러 소화제를 사 먹었다. 호기로 시작한 미련함은 소화제를 먹고 나서야 잠재울 수 있었다. 음식으로 이렇게 미련함을 드러낸 적은 처음이었던 것 같다. 조금 덩치가 있었다면 1인분은 안 된다고 했을 때, "어딜 봐서 제가 1인분만 먹게 생겼어요?" 하며 '당당하고 통쾌한 한마디'를 할 수 있었을 텐데 하는 아쉬움이 남기도 했다.
1인 가구가 늘어나는 요즘 상생 전략으로, 시대의 흐름에 맞는 시스템으로 발맞춰 나가야 하지 않을까 하는 생각이 든다.

겨울에 피어난
꽃처럼

유년 시절은 그다지 행복하지 않았지만, 불행했다고 말하고 싶지도 않다. 돌이켜 보면, 그때 그 시절은 불행한 게 아니라 불우했을 뿐이었다.

아버지는 16년간 처가살이하셨다.
내가 일곱 살이 되었을 무렵 우리 가족은 외할머니댁과 멀리 떨어진 산속 오지로 들어가 살게 되었는데, 2년쯤 지나 엄마가 병이 났다. 엄마의 병을 낫게 하려고 빚을 내어 여러 병원에 다녔지만, 일 년도 채 되지 않아 돌아가셨다. 그때, 칠 남매 중 막내는 갓 돌이 지났고, 나는 열 살이었다. 그곳은 강원도 영월의 오지(奧地) 중에 오지었기에 전깃불도 들어오지 않았다. 아버지와 오빠가 둘이나 있고, 언니도 있었지만, 나는 5년 후 가장(家長) 아닌 가장의 역할을 해야 했다.

아버지는 한 달에 많게는 두어 번, 길게는 몇 달에 한 번 정도 집에 잠깐 들렀다가 돈을 벌어 오겠다며 훌연히 어디론가 나가셨다. 내 기억으로는 그다지 돈을 벌어다 주지는 않으셨다.

오빠 둘은 일찌감치 타지에 나가 자신만의 삶을 살고 있었다. 혼자 먹고살기에도 빠듯한 시절이었으니 집안을 돌보고 싶어도 여력이 없었을 것이다. 엄마가 돌아가시고 우리는 그나마 전깃불이 들어오는 면(面) 소재지로 이사했다.

열다섯 살인 언니가 동생 네 명의 보호자로 엄마 없는 빈자리를 다 채우지는 못했지만, 그런대로 나는 언니의 울타리 안에서 견딜 만했다. 내가 열다섯 살이 되었을 때 언니가 돈을 벌기 위해 도시로 나가면서 나는 세 동생의 '부모 역할'을 시작했다. 언니가 빠져나간 자리는 엄마의 빈자리보다 더 크게 느껴졌다. 더군다나 사춘기가 시작될 무렵이었다. 세상 사람들 모두 행복하게 보이고, 나만 불행하다고 생각했다. 일찍 돌아가신 엄마도 집안을 돌보지 않는 무능력한 아버지도, 이런 집에 태어난 것도 너무나 원망스러웠다.

학교 준비물 살 돈이 없어, 이웃집으로 돈을 꾸러 가서는 창피하여 아무 말도 못 하고, 그 집 앞에서 발끝만 쳐다보다 돌아오기도 했다. 그 집은 같은 반 남자아이 집이라서 더 입이 떨어지지 않았다. 한 번은 그 남자아이가 "너 왜 거기 서 있어?" 하고 물었다. 나는 아무 말도 못 하고 얼굴이 빨개져서 도망치듯 집으로 그냥 돌아왔다.

"나는 왜 태어났을까. 왜 하필 이런 집에 태어나서 이 고생을 할까. 이렇게 살 바에는 차라리 죽는 게 낫지 않을까. 어떻게든 쉽게 죽을 수 있는 방법이 없을까. 제발, 내일 아침엔 눈이 떠지지 말고 이대로 죽어 있기를…."

이런 간절한 기도를 하며 울다 잠든 날들이 셀 수 없이 많았다. 그러나 아침이면 여지없이 눈이 떠졌고, 절망감으로 또 하루를 버텨야 했다.

중학교 입학금 낼 돈이 있을 리 만무했다. 결국, 그해에는 중학교에 들어가지 못하고, 그다음 해에 언니의 도움으로 겨우 진학할 수 있었다. 중학교에 들어가니 초등학교 친구들은 한 학년 선배가 되어 있었다. 나는 친구들과 마주치는 것이 창피하여 화장실도 쉬는 시간에 가지 못하고, 참고 참다가 수업 시간에 한 번씩 다녀오곤 했지만, 학교에 다니게 된 것이 꿈만 같아서 언니에게 그저 고마운 마음뿐이었다.

열다섯 살 소녀가 가장 역할을 하기에는 너무 버거웠다. 지금은 세탁기가 보편화되었지만, 30년 전 촌 동네에 세탁기가 있는 집은 거의 없었다. 연탄을 겨우 때고 살면서, 온수는 필요한 만큼 데워서 써야 했다. 집에서 초벌 빨래를 해서 한참 떨어진 강으로 가서 빨래를 헹구어 와야 했다. 강원도의 강바람은 살을 에는 듯한 추위여서 손빨래할 때면 고무장갑을 껴도 손에 감각이 없었다. 겨우내 손발이 동상에 걸려 있는 내가 보기에 안쓰러웠는지 동네 아주머니께서 민간요법으로 뜨거운 물에 쑥과 마늘을 넣고 손과 발을 한참 담그면 동상이 낫는다고 알려주셨지만, 그럴 시간도 없고, 마음의 여유도 없었다.

학교 수업을 마치고 돌아와 저녁을 준비해서 동생들과 먹고, 다음 날 아침에 밥 지을 쌀을 씻어 놓고, 도시락 반찬 준비와 학교 과제까지 끝내고 나면 피곤하여 기절하듯 잠들곤 했다. 고등학교 1학년 겨울방학 전까지는 부족하긴 해도 언니가 보내준 생활비로 견딜 만했다.

아침 일찍 일어나 텃밭에 난 잡초를 뽑고, 동생들 아침밥을 챙기고, 세 명의 도시락을 싸고 나면 등교 시간이 얼마 남지 않았다. 내 도시락 반찬은 남아 있지 않았기에 고등학교 졸업할 때까지 거의 도시락을 싸 가지 못했다.

지각을 면하기 위해 아침밥도, 거르고 죽을힘을 다해 삼십여 분을 뛰어갔다(덕분에 체육 시간은 싫었지만, 오래달리기만은 자신 있었다). 학교에 도착하여 담임 선생님의 출석 체크가 끝날쯤 되면 허기가 느껴졌지만, 도시락을 싸 오지 않았으니 점심을 굶어야 했다. 하굣길엔 배가 고픈 걸 지나 머리가 띵하고 눈앞이 아득해지다가 어질어질한 적도 많았다. 피로와 영양결핍 때문에 그랬을 것이다.

집에 도착하자마자 종일 허기진 배를 채우기 위해 찬밥을 대충 물에 말아 제대로 씹지도 않고 삼키고 나면 배고픔은 가셨지만, 종일 비어 있는 위장을 놀라게 해서인지 배가 쥐어짜듯 아파서 데굴데굴 뒹굴기도 했다. 지금도 음식을 보면 맛있겠다는 생각보다 먹고 나면 배 아프지 않을까 하는 걱정부터 앞선다.

학교 수업이 끝나면 간간이 이웃집의 소소한 일들을 돕기도 하고, 여름이면 강에서 다슬기를 잡아 식당에 팔아서 번 돈으로 동생들 학교 준비물을 챙기거나 아껴 두었다가 밀린 학비를 내기도 했다

주말이나 소풍, 수학여행을 가는 날엔 밭이나 과수원에서 종일 일을 해야 했기에 소풍이나 수학여행을 간 적이 거의 없다. 고등학교 졸업할 땐 학비를 내지 못해 교무주임 선생님에게 여러 번 불려갔는데 담임인 모현숙 선생님께서 학비를 대신 내주셔서 졸업할 수 있었다.

고등학교를 졸업하고, 담임 선생님의 도움으로 정식 직원

은 아니지만, 서무과(지금의 행정실)에서 2년 정도 일하게 되었다. 첫 월급을 받자마자 선생님께 학비를 갚으러 가니 받지 않겠다고 몇 번이나 사양하셨다 그러나 내 고집을 꺾지 못하고 마지못해 받아 주셨다. 그랬던 내가 마흔 살이 지나 청소년 교육학사와 이미지 경영학 석사학위를 마치고 지금은 박사학위 과정에서 공부 중이다.

나를 가장 힘들게 한 사람은 두 살 터울의 남동생이었다. 나와 내 동생들은 돌봐 줄 사람 없이 스스로 살아야 할 처지였는데, 남동생은 유독 심하게 방황하고 반항하며 지독한 사춘기를 겪었다. 걸핏하면 학교에서 친구를 때리고 문제를 일으켜 부모 대신 찾아가 사죄하고 용서를 구하는 일로 나를 더 지치고 힘들게 했다. 없는 반찬을 겨우 만들어 밥상을 차려 주면 맛없다며 반찬 그릇을 내동댕이치기도 했다. 못되게 구는 남동생을 보면 당장이라도 집을 떠나고 싶었지만, 열 살도 안 된 막내 여동생 때문에 참고 버텼다.

고등학교 1학년 겨울방학이 시작된 첫날, 늦잠을 자고 싶었다. 아침 8시쯤 되었을까, 남동생이 아침밥을 달라며 나를 깨우는 소리가 들렸지만, 못 들은 척하고 누워 있었다. 내가 일어나지 않자 배가 고팠는지 부엌으로 나가는 소리가 들렸다. 스스로 챙겨 먹으려는가 보다 생각하며 그냥 누워 있었다.

잠시 후, 방문을 열고 덮고 있던 이불을 확 걷어 내더니 누워 있는 내 얼굴 위로 차가운 물 한 세숫대야를 그대로 부어 버렸다. 한겨울 차가운 물세례를 받아서 놀란 것도 있었지만, 그런 행패를 부리는 것에 경악을 금치 못했다. 이런 못된 놈에게 두 살 많은 누나라는 이유로 더 이상 희생할 필요는 없겠다는 생각이 들었다.

나는 아무 말도 하지 않고 대충 짐을 싸서 집을 나왔다. 서울에 있는 언니에게로 가기 위해 시내를 향해 한 시간가량 걸어가는 동안 무조건 집에서 멀리 떨어진 곳으로 가자는 생각밖에 없었다. 한겨울 날씨에 젖었던 머리에는 고드름이 매달렸고, 물에 젖은 옷에 얇은 잠바 하나를 걸치고 나온 터라 젖은 옷이 뻐적뻐적 얼었지만, 울분이 차올라와서인지 추위도 느껴지지 않았다.

그 몰골로 터미널에 도착해 서울로 가기 위해 먼저 원주행 버스를 탔다. 한 번 더 갈아타야 언니를 만날 수 있지만, 멀게 느껴지지 않았다. 그렇게 겨울방학은 언니와 함께 보냈다. 방학 동안 나는 언니를 따라 교회에 다녔다. 무엇인가에 의지하고픈 마음이 컸다. 그때 나는 너무나 버거운 짐을 짊어지고 있던 터라 누군가의 손길과 힘이 절실히 필요했는데 그게 바로 '믿음'이었다.

언니와 신에 의지해 겨울방학을 보낸 후, 개학을 며칠 앞두고 동생들이 있는 집으로 내려왔다. 언니와 있는 동안 시골에 남겨진 동생들이 몹시 걱정되었지만, 나의 빈자리가 얼마나 큰지, 그동안 내가 얼마나 고마운 존재였는지 충분히 느끼게 해 주고 싶었다. 그간 남동생은 나름대로 반성하며 많은 걸 느꼈는지 찬물 세례를 줄 때와는 사뭇 다른 모습으로 많이 온순해져 있었다.

집에 도착한 첫날, 따뜻한 물이 담긴 세숫대야를 방으로 가져와 동생의 발을 씻겨 주고, 발톱도 깎아 주며 "앞으론 누나가 배고프지 않게 밥 잘 챙겨 줄게." 하고 말했다. 왜 그런 행동을 했는지 정확히 기억나지 않지만, 아마도 예수님이 열두 제자의 발을 씻겨 주신 세족례를 흉내 낸 것 같다. 겨울방학 동안 누나에 대한 고마움을 진심으로 느낀 것인지 그 후 남동생은 말을 잘 들었다.

생각해 보면 지나온 삶의 여정 중에 조기유학을 다녀온 것처럼, 힘들었던 그때가 내게는 소중한 시간이었다. 그나마 인간미 있는 존재로, 누군가의 아픔과 고통을 좀 더 공감할 수 있는 사람이 되게 해 주었다.

그때 만약 부모님을 원망하고 비관하여 동생들을 나 몰라라 하고 세상을 등졌다면 지금의 감사함과 즐거움은 누리지 못했을 것이다. 가난 속에서도 견디고 버티는 삶을 통해 인내를 배우게 되었고, 부모 없이 자라서 버릇없다는 소리를 듣지 않으려고 항상 예의 바르게 행동하려 애썼다. 하루 한 끼만 먹고 살아온 덕분에 다이어트를 굳이 하지 않아도 되었다.
사랑해 줄 부모가 안 계시니 어디에서든 인정받고 사랑받기 위해 나 자신을 관리하고 노력한 덕분에 이미지 컨설턴트 자격을 갖추었다.
데카르트의 글을 패러디해서 적어 놓고 나를 다졌다.

나는 노력한다. 고로 존재한다.

나는 노력한다. 고로 발전한다.

나는 노력한다. 고로 진화한다.

나를 단련시킨 보석 같은 그 시간들 덕분에 삶 자체를 진중하게 받아들이고, 다양함을 인정하며, 작은 것에도 오롯이 감사함을 느낄 수 있게 되었다.

신은 인간에게 선물을 줄 때

시련이라는 포장지에 싸서 준다.

선물이 클수록

더 큰 포장지에 싸여 있다.

- 브라이언 트레이시(Brian Tracy, 컨설턴트)

감춰진
나의 이력서

나만 알아야 할 이력서를 이렇게 써 놓으면 안 되는데…,

목주름
겸손한 삶의 흔적
- 겸손함이 이렇게 선명하게 남아 있을 줄이야.

팔자주름
밝은 성격으로 쌓인 복 주름
- 표나지 않게 쌓을 걸.

겸손한 가슴
겸손하고 싶지 않은 나의 중심
- 이렇게까지 겸손할 필요는 없는데.

교만한 허리
한없이 겸손하고 싶은 부분
- 해가 갈수록 교만이 쌓이게 될 줄이야.

손 주름
부지런함의 증표이자 나의 최종 이력서
- 숨기고 싶으나 숨기기가 쉽지 않은 곳.

숨기고 싶은 나의 이력서에 약간의 상상력과 각색을 더해, 적절한 포장지로 마무리하면 겸손함과 교만함은 보완할 수 있기는 한데, 최종 이력서는 감출 수 없을 듯하다.

아름다운
도전

고등학교 2학년 여름방학이 막 시작된 어느 날 아침이었다. 굵은 비가 앞이 보이지 않게 쏟아지던 그날, 배낭에 갈아입을 옷을 비닐 봉지에 싸서 넣고 큰 우산을 쓰고 집을 나섰다. 강원도와 충청북도의 경계선에 있는 주천에서 제천에 있는 교회를 향해 긴 도보 여행이 시작되었다. 나의 믿음을 시험하고, 지금의 현실과 내 처지를 이겨 낼 수 있는 의지를 확인하고 싶었다.

지금처럼 포장된 도로가 아닌 비포장도로를 따라 버스로 한 시간의 거리를 새벽 5시에 출발하여 드디어 목적지에 도착했다. 여고생이 겁도 없이 장마철의 장대비가 내리는 어두컴컴하고 구불구불한 산길을 혼자 우산 하나에 의지해서 6시간 가까이 걸었다. 80년도 후반인 그때는 차들도 많지 않아서 어쩌다 차가 한 대 지나가면, 반갑고 의지가 되었다.

작은 개척교회에 도착하니 10시 45분쯤 되었다. 얼른 배낭에 담아 온 옷으로 갈아입고 예배에 참석했다. 예배가 끝나니 한 집사님이 버스비가 없어서 걸어왔냐며 버스비를 주었다. 버스비는 있었다. 돌아올 땐 버스를 타려고 했다. '접어서 만든 부채'처럼 걸을 때마다 저절로 접힐 만큼 다리가 풀렸다. 내 의지를 행동으로 옮긴 첫 번째 사건이었다.

생각해 보면 삶의 고통이 나의 의지를 키웠다. 아무에게도 말하지 않은 혼자만의 계획이었고 누가 떠민 것도 아니었으니, 앞이 보이지 않을 정도로 장대비가 내리던 캄캄한 그 새벽길을 출발하지 않아도 되었다. 굳이 가야 한다면 비 오지 않는 날에 가기로 하고 그냥 접어도 되었다. 그러나 자신과의 약속과 믿음을 행동으로 옮겼다는 것이 30년이 지난 지금 생각해도 스스로가 대견하다. 그 시간은 지금껏 살아오면서 내 꿈을 향해 나아가는 의지의 표상이 되었고, 결단력의 지표가 되었다.

에누리 있는 장사

"엄마, 김치를 왜 이렇게 많이 만들어요?"
"김치 장사하려구."
"그러면 비싸게 팔아야지. 엄마는 좋은 재료만 사용하잖아요."
"그러지 않아도 비싸게 팔고 있지."
"얼마에 파는데요?"
"돈으로 계산할 수 없을 만큼 비싸게 팔지. 그분들에게 마음을 사고 있거든. 좋은 분들이라서 내 마음을 주고 싶어. 그분들도 내 마음을 알게 되면, 그분들의 마음을 살 수 있지 않겠어? 이보다 더 비싼 장사가 어디 있겠어."
알듯 모를 듯한 표정을 짓는 아들을 보며, 씨익 미소를 지어주었다.

이 별에서
이별하는 그날

원하는 집에서 태어난 것은 아니지만, 지금 생각하면 모든 것이 감사하다. 가난했기에 검소함과 겸손함을 배울 수 있었고, 형제자매가 많아서 그들을 통해 인간의 성향을 공부할 수 있었으며, 서로 배려하는 것을 배울 수 있었다. 모든 것이 부족했기에 아끼는 습관이 자연스레 몸에 배었고, 고통을 참고 견디는 인내력을 배웠다. 사십이 되었을 땐 이 모든 것에 감사했고, 오십이 넘어선 내가 선택받은 환경에서 태어났다는 것을 알게 되었다.

만약 부족함이 없는 집안에서 태어났다면 모든 것이 당연하게 여겨져 진정한 기쁨과 즐거움을 느끼지 못했을 것이고, 남의 고통과 아픔을 이해하기 어려웠을 것이다.

지금도 뜨거운 물을 허비하는 듯 느껴지면 나도 모르게 "조금만 쓰겠습니다." 하고 누군가에게 허락을 구하듯 말한다. 따뜻한 잠자리에 들었을 땐 고마운 마음에 절로 두 손을 모으게 된다.

사십 중반이 될 때까지 나는 죽음을 늘 두려워했다. '죽음의 순간이 오면 얼마나 무서울까, 누구든 죽음을 피할 수 없으니 그 두려움을 어떻게 맞이할까.' 하고 끝도 없이 생각했다. 그러던 어느 날, 내가 죽은 후 릴레이 경주에서 배턴 터치하듯 나보다 천 배, 만 배 훌륭한 사람이 나 대신 살게 된다면 미련 없이 갈 수 있을 것 같았다. 그런 생각이 들자 이상하게도 마음이 편안해졌다.

천상병 시인은 시 '귀천'에서 우리는 아름다운 이 세상에 소풍 온 것이라고 했다. 우리가 어디에서 왔는지 모르지만, 지구라는 이 별을 떠나는 순간 죽음이라는 단어로 정말 끝나는 걸까? 지구에서의 나의 이름과 노쇠한 육신을 벗어 던지고, 어느 시(詩)에서처럼 파랑새가 되어 훨훨 날아서 더 멋진 다른 별로 가게 될지도 모른다. 사랑하는 아들과 남편, 친구, 형제자매와도 영원히 '안녕'이란 인사를 해야겠지만, 그 또한 모르는 일이다. 어딘가에서 또 다른 인연으로 이어질지…,

생명이 있는 한, 최선을 다해 열심히 살아야 할 의무와 책임이 있다. '성실'로 무장하고, '인내와 노력'을 발판 삼아 한 걸음, 한 걸음 내 삶을 개척해 나가야 할 것이다.

성실함과 선함은 하나다. 성실한 사람은 남의 것을 강제로 빼앗지 않고, 속이지도 않는다. 살아가며 만나는 온갖 고난과 역경들을 헤쳐나가고 이겨낸다. 미련하리만큼 우직하게 견디어 낸다.

나만을 위한 삶을 산다면 인생은 재미도 없고, 의미도 없을 것이다. 자신의 재능을 잘 살려서 누군가에게 도움이 될 수 있는 삶이어야 한다.

기쁜 일로 웃고 있을 때, 누군가는 슬퍼하고 괴로워하는 순간일 수 있다. 그러니 너무 좋아하지도, 너무 괴로워하지도 말자. 다윗의 반지에 새긴 문구처럼 "이것 또한 지나갈 테니." 말이다.

이 세상 떠나는 날, 예쁜 초대장을 만들어 나와 인연 있었던

분들을 마지막 만찬에 초대하고 싶다. 예쁜 정원이 있는 레스토랑에 편안한 재즈 음악이 흐르게 하고, 드레스 코드는 가장 멋진 차림을 하되 가능한 검정은 피해 달라고 부탁하고 싶다. 음식은 뷔페로 하되 비가 온다면 꼭 빈대떡을 추가해 달라고 하고 싶다. 조의금 대신 기부금으로 하고, 기부한 분들의 이름을 한 분도 빼놓지 않고 기재해서 전달하도록 할 것이다. 내가 쓰던 물건들은 조금씩 정리하여 떠나는 날엔 남아 있는 것이 거의 없게 하고 싶다.

잘 살고 싶다.
그래서 떠날 때 감사함으로 미소 지으며 떠날 수 있기를 꿈꿔 본다.

비교

같아지려고 하지 말자.
같아지려고 하는 순간
비교하게 되고
비교하게 되는 순간
우울해지고
우울해 지면
꿈과 멀어진다.

제4장

가족에게 특별한 마음가짐

감사

저 푸른 하늘과
태양을 볼 수 있고

대기를 마시며
내가 자유롭게 산보할 수 있는 한
나는 충분히 행복하다

이것만으로
나는 신에게 감사할 수 있다.

– 노천명(시인, 1912-1957)의 시

인연이었을까·1

나는 사춘기가 될 때까지 다섯 명의 남자를 가까이에서 보고 자랐다. 그래서인지 남자에 대한 로망이 별로 없었다. 키 크고 잘생긴 남자도, 매너 있고 위트 있는 남자도, 공부 잘하고 똑똑한 남자도 그다지 끌리지 않았다.
작은오빠는 좀 달랐다. 외모는 촌스럽고 투박하지만, 삶의 태도가 진중했다. 그래서인지 이성에 대한 롤 모델은 작은오빠 같은 사람이었다. 이성을 만난다면 겉모습이 아닌 내면을 보고 남편감을 선택할 거라고 생각했다. 그런데 그런 남자는 스물아홉이 될 때까지 만난 적이 없었다. 스물여섯에 처음이자 마지막으로 선을 본 것 말곤 이성을 제대로 사귀어 본 적이 없었다.

남편은 스물아홉에 친구 소개로 만났다. 남자에 대한 환상도 없고 기대치가 높은 것도 아니었지만, '적어도 조금은 지적(知的)이고 목소리가 좋은 남자였으면,' 하는 바람 정도는 갖고 있었다.

친구의 소개로 셋이 만나기로 한 장소는 청량리역 시계탑이었다. 20년 전만 해도 청량리역 시계탑은 서울에서 '약속 명소' 중 하나였다. 약속 장소에 나가보니 친구는 아직 도착 전이었다.

약속 시각 20여 분이 지나도 친구는 나타나지 않았다. 멀지 않은 곳에서 누군가의 따가운 시선이 느껴졌다. 주위를 둘러보니 시계탑 밑에 한 남자가 앉아 있는 것이 보였다. 그 남자도 나를 쳐다보고 있었다.

"설마, 오늘 소개팅에 나온 사람이 저 사람이겠어? 에이, 아니겠지, 아닐 거야."

주문을 외우듯 중얼거리며 친구가 나타나기를 기다렸다. 불안감을 애써 외면하며 지하철 입구 쪽만 바라보고 있는데 잠시 후, 지하철 계단을 올라오는 친구의 얼굴이 보였다.

'제발 저 남자를 아는 체하지 않기를….'

인연이었을까·2

불안한 예감은 왜 한 번도 틀린 적이 없을까?
친구는 '외면하고 싶은 저 남자'를 향해 걸어가고 있었다. 아무리 남자에 대한 환상이 없다고 해도 저 남자는 아니었다. 지적이지도 않고 선한 느낌도 아닌, 짧은 스포츠형 머리에 인상은 어찌나 강해 보이는지 마치 조폭 영화에 나올 법한 사람이었다. 인사하고 싶은 마음도 없는데, 얼굴을 마주할 생각을 하니 나도 모르게 한숨이 나왔다.
친구는 늦어서 미안하다는 말과 함께 그 남자를 나에게 소개했다. 그는 내 얼굴을 제대로 쳐다보지도 못한 채 어색하게 인사했다. 내 마음은 이미 저만치 달아나고, 말 그대로 '영혼 없는 인사'를 했다.
친구의 체면도 있는데 노골적으로 감정을 드러내는 건 매너가 아니기에 최대한 내색하지 않고 묻는 말에만 짧게 답했다. 공교롭게도 그는 동갑내기였다. 동갑이라는 이유로 편하게 말을 놓으며 친근하게 다가올까 봐 꼬박꼬박 존댓말을 썼다.(이때 하던 존댓말이 결혼 후에도 이어져 부부싸움 할 때 선을 넘지 않게 되어 도움이 되었다.)

마음에도 없는 사람과 함께한 30여 분이 마치 3시간 같았다. 더는 참을 수 없어 회사에 급한 메일 보내는 걸 깜빡해서 그만 가봐야겠다며 일어섰다. 돌아오는 길에 친구에게 전화하여 막말을 퍼붓고는 일방적으로 끊어버렸다.
"무슨 의도로 그런 사람과 만남을 주선한 거야? 내가 너한테 잘못한 거라도 있니? 한 번만 더 그런 남자와 만남을 주선하면 너도 앞으로 안 볼 거야!"

그는 나를 처음 봤을 때 자신의 이상형이었다며 친구한테 만나게 해 달라고 매달렸단다. 그 후 친구를 만날 때마다 20~30분쯤 지나면 그가 슬그머니 나타나곤 했다. 사람은 오래 겪어봐야 안다는 말처럼 그렇게 일 년의 시간이 지나고 나니 꽤 괜찮은 사람임을 알게 되었다. 예의 있고 따뜻하고 인간미 넘치는 사람이었다. 거창한 스펙은 없었지만, 나는 조건보다 사람을 택하기로 했다. 이 사람하고 살면 적어도 마음고생은 하지 않을 것 같았다. 엄마가 아버지 때문에 마음고생을 많이 하시는 걸 봐서일까? 정식으로 교제한 지 일 년 후 결혼했고, 지금까지 22년째 잘살고 있다. 결혼 후에도 변함없이 가정적이고 참 따뜻한 사람이다.

집안의 다섯 남자에게서 얻은 교훈(?)으로 지금의 남편을 선택했지만, 진정한 보석은 내면에 존재한다는 것을 알게 해준 사람이다. 가끔은 말이 통하지 않는다고 아들에게 하소연할 때도 있지만, 돌아가신 엄마가 내게 보낸 선물이라는 생각이 들기도 한다.

나를 낮추면 그제야 보이고, 얻게 되는 것이 있다. 겸손한 마음으로 사람을 대하면, 거기에 배움이 있고 채움도 있다. 돈 벌어오는 남편과 돈 갖다 쓰는 아들. 둘 다 좋지만, 이상하게 돈 벌어오는 남자보다 돈 갖다 쓰는 남자를 더 챙기게 된다.

부부싸움도
드라마처럼

결혼 초 남편이 인테리어 사업을 시작한 지 얼마 되지 않았을 때였다. 고향 친구 누나가 돌아가셔서 조문하러 간다는 것이다. 차가 없던 때라 갔다 오면 최소한 이틀은 가게 문을 닫아야 해서 손실이 컸다. 고향에 있는 동생에게 대신 문상을 부탁하자고 했지만, 아버지 돌아가셨을 때 왔기 때문에 꼭 가야 한다고 했다. 아무리 이야기해도 고집을 부리는 저 사람과 평생을 같이 살 생각을 하니 앞이 캄캄했다.
이전부터 남편과 말이 잘 통하지 않는다는 것을 느꼈다. 말 그대로 벽을 보고 말하는 것 같았다. 그래서 아들이 세 살 무렵까지 마음 문을 닫고 최소한의 말만 하고 살았는데, 이렇게 사는 것은 아들한테 좋지 않은 영향이 미칠 것 같아 생각을 고쳐먹었다.

나는 과연 단점이 없을까? 그럴 리 없다. 매사에 꼼꼼한 척, 깐깐한 척하는 내가 남편을 얼마나 숨 막히게 했을까, 남편의 장점으로 단점을 덮으며 살아보기로 했다.
어느 날, 남편과 대화하다 또 숨이 막혔다. 나는 마음을 가라앉히고 말했다.

"드라마도 횟수가 있는데 오늘은 여기까지 하고, 내일 다시 얘기합시다."
남편의 욱하는 성격은 가족은 물론 일가친척들까지 다 아는데, 나만 모르고 결혼한 것이다. 다행히 나는 쉽게 목소리를 높이지 않는 편이라, 남편이 욱할 때마다 가만히 듣고 있다 한마디한다.
"다 하셨으면 나머지는 내일마저 얘기합시다."
또는
"다 하셨으면 내가 하고 싶은 말은 나중에 얘기할게요."
당장 하고 싶은 말이 있어도 일단은 꾹 참는다.
이삼 일쯤 지난 후 "지난번에 하던 이야기, 마저 할까요?" 하면 남편은 말하고 난 뒤 바로 후회하는 성격이라 자신이 잘못한 거라고 바로 인정한다. 그러면 나도 미흡한 부분이 있었다고 인정한다.

이렇게 이십 년을 지내다 보니 우리 가족만의 농담으로 "교육 들어가야겠네." 하면 두 남자는 바로 "아니다. 잘할 테니, 교육 날짜는 잡지 말라."고 하며 웃는다.

누가 형일까?

손을 베어서 반창고를 찾고 있는데 아들이 내 손을 잡는다.
"엄마, 내가 좋은 밴드 붙여 줄게."
"그래? 어떤 건데?"
"이거 한 개에 천 원이야."
"그렇게 비싼 거 붙이지 않아도 돼."
"엄마한테는 천만 원짜리도 아깝지 않아요."

이 녀석이 아직도 엄마바라기인가?
아니면 용돈이 필요한 건가?
"감동인데? 고마워!"
"고맙다고 말하지 마세요. 당연한걸요."
그 말의 진의가 의심스러워 아들에게 물었다.
"너 혹시, 용돈 떨어졌니?"
"아니요."

진정성을 확인하고 돌아서는데, 아들의 깨는 한마디가 들려온다.
"엄마, 이만하면 아들 잘 키운 거예요."
'헐, 자화자찬까지.'

가끔, 남편하고 말이 통하지 않을 때마다 아들을 붙잡고 답답함을 털어놓곤 한다. 하소연을 들어 주던 아들이 한마디 한다.
"엄마, 아들 둘을 키우시네요."
엄마를 위로하려고 하는 말인 줄은 알겠는데, 그럼 누가 형이지?

선물과 십일조

결혼 20주년엔 리마인드 웨딩도 하고 여행도 하려 했는데, 다 물거품이 되었다. 코로나로 남편 회사도 타격이 컸다. 오미크론까지 가세하여 조용히 지내라고 나라에서도 지침이 내려온지라 조촐히 저녁이나 먹기로 했지만, 그래도 그냥 넘기기엔 서운한 생각이 들었다.

남편은 해마다 결혼기념일 선물로 ㅇㅇ은행 로고가 인쇄된 하얀 봉투에 신사임당 20분(?)을 넣어 주었다. 결혼 일주년에 선물로 사 온 시계를 마음에 들어 하지 않자 그 후부터 신사임당 20분을 모셔 온다. 200분을 모셔 오기로 한 지 10년도 더 지났지만, 로또나 당첨되면 지킬 수 있는 약속이었던 듯하다.

저녁을 먹으며, 동그라미를 하나 더 붙이는 대신 숫자라도 바꾸자고 주먹 쥔 오른손을 앞으로 쭉 내밀었다. 남편은 내 주먹에서 눈을 떼지 못한다. 오른손 손가락이 몇 개가 펴질지 지켜보는 눈빛이 불안하다. 남편은 손가락을 두 개쯤 펼

거라고 생각했겠지만, 예상을 깨듯 손가락 다섯 개를 동시에 좌악 펼쳤다. 순간, 남편은 말 그대로 얼음이 되어 확대경을 눈동자에 대고 있는 듯한 모습이다. 생각지도 못한 요구에 놀란 눈 그대로 나의 표정을 살핀다. 얼른 남편이 안정을 위해 진정제 같은 한마디를 던졌다.
"그렇잖아도 하나 접으려고 했어요."
얼른 엄지손가락을 접었지만, 아직 펼쳐진 손가락은 네 개나 되었다. 남편의 표정은 아직 얼음에서 '땡'이 되지 않았다. 진정제를 좀 더 추가해야겠다.
"아무래도 하나 더 접어야겠지요?"
하나를 더 접자 남편의 표정은 얼음에서 '땡'하고 풀렸다. 과일을 사러 가도 다음에 또 올 것처럼 말해야 덤을 얻을 수 있는 것처럼, 쐐기를 박는 한마디를 날려야 확실하게 거래가 성사될 수 있다.
"교회에 가도 십일조가 있는데, 내가 이 돈을 혼자 다 쓰겠어? 당신 양복 한 벌 사 주려고 했어요."

"양복 입을 일도 없는데 양복값은 빼고 주면 안 돼?"
"안 돼요. 십일조 하려는 내 마음이 어떻게 변할지 몰라서요."
그렇게 모셔온 신사임당 60분은 다 어디로 가신 건지….

코로나 사태가 영원히 이어지지는 않겠지. 남편 사업도 예전처럼 다시 잘 돌아가면 손가락 다섯 개에 깁스한 것처럼 절대로 접지 않을 야무진 꿈을 꾼다. 새해부터 목돈 들어갈 일을 대비해 이렇게 비자금 조성을 위한 내 작전은 성공적으로 막을 내렸다.

완벽함보다
부족함이 낫다

나는 '초긍정 맞춤 칭찬하기'를 즐긴다.
경기도 **아파트 701호에선,
- 젓가락질만 잘해도 모범생
- 대답만 잘해도 우등생
- 숨만 잘 쉬어도 장학생이다.

일할 때는 꼼꼼한 척, 깐깐한 척하지만, 평상시에는 제주도 현무암처럼 구멍이 숭숭 뚫린 허점투성이다. 특히, 집에만 오면 현무암의 진가가 드러난다. 철없는 엄마이자, 푼수 아내가 된다. 퇴근하는 남편에게 "점심에 뭐 먹었어요?" 하고 묻고는 곧바로 "아~ 해봐요." 한다. 남편은 대답하려다가 그냥 웃고 만다.
아들한테, "지난번에 말하려고 하던 거 어떻게 됐어?"라고 묻자마자 곧바로 "빨리 말해. 한 달 안에." 대답하기 싫은 걸 묻는 엄마에게 대답하려다가 먼저 대답하는 엄마의 말에 아들도 피식 웃는다.

그냥 "잘했네!"가 아니라 뭐든 '특급 칭찬'을 한다.
남편한테 칭찬할 일이 있을 때,
"뉘 집 자식인지 가정교육 잘 받고 시집(?) 왔네?"
(평소에는 존댓말을 하는데 이럴 때는 일부러 놀리듯 말한다.)

"어머님 전화번호 좀 알려 줄 수 있어요? (모르는 사람 대하듯 연기하며) 나도 좀 배워서 우리 아들 잘 키우게."
'이 정도 연기면 조연급은 되겠는 걸.' 하는 생각이 들기도 한다.

시어머니까지 보너스 칭찬을 하면, 남편 주머니가 활짝 열린다.
"역시, 현금은 행복이지."
이런 것 바라고 한 말은 아니지만, 그렇다고 주는 마음 안 받을 수도 없고, 말 한마디에 오만 냥을 받아 챙긴다.

아들에게 하는 초특급 칭찬은,
"네가 우리나라에서 배려 깊은 스무 살 청년 열 명 중 한 명이 분명해."

"네가 경기도에 사는 청년 중, 엄마 마음 알아주는 중학생 중 최고일 걸!"

칭찬이 끝나면 아들 어깨엔 힘이 잔뜩 들어가, 걸음걸이마저 바뀐다. 곧 뒷짐을 지고, "어흠~!" 할 기세다.

평소에 나는 아들에게 자랑보다 실수담을 많이 얘기한다. 실수한 얘기를 들은 아들은 나를 위로해 주고, 내 편을 들어 주며 마음으로 토닥여 준다. 똑똑하고 잘난 아들도 좋겠지만, 남의 아픔을 위로해 주고, 힘들 때 등을 내어 줄 수 있는, 인간미 있는 사람으로 성장하길 바란다. 대학생이 된 아들은 여전히 공부엔 관심이 별로 없는데, 아들 친구 말에 따르면 학교에서 교수님들의 사랑을 독차지한단다.

"별일이네. 공부도 안 하는데…."

친구가 한 말이 사실이냐고 아들에게 물어보니 쑥스러운 듯 고개를 끄덕인다. 그냥 인사 잘하고, 수업 시간에 대답 잘한 거밖에 없단다. 하기야, 집에서도 대답만 잘해도 우등생이니까.

성공한 리더의
진짜 프로필

어제는 어버이날이었다. 친정 부모님은 안 계시지만, 따뜻하고 정 많은 시어머니가 계셔서 얼마나 감사한지 모른다. 올해는 코로나로 뵈러 가지 못하고 마음만 전해 드렸다. 어머니도 여느 어머니들처럼 녹록지 않은 삶을 살아오셨다. 40년간 시부모를 모시며 불같은 성격을 가진 남편의 아내 자리를 묵묵히 지켜냈고, 4남 2녀를 따뜻하고 인간미 넘치는 사람으로 키우셨다.

15년 전 아버님께서 돌아가신 후 홀로 시골에 살고 계신다. 다행히 근처에 사는 두 아들이 자주 찾아뵈니 맏이인 우리는 마음이 놓인다. 비록 어머니와 떨어져 살지만, 안부 인사도 자주 드리고, 조금이나마 다달이 생활비도 보내 드리고, 생신과 어버이날은 꼭 찾아뵙는다.

몇 년 전, 어머니의 생신에 뭔가 특별한 이벤트를 해 드리고 싶어 어머니 성함으로 삼행시를 지어 큰 현수막을 제작하여 마을 어귀에 걸고, 감사패를 만들어 자식들 마음을 담은 봉투와 함께 전해 드렸다.

무엇보다도 어머니의 명함을 만들어 드리고 싶었다. 평생을 자식과 시부모님, 남편을 위해 희생과 봉사로 살아오신 어머니. 그런 어머니의 삶을 인정해 드리고, 당신의 삶이 얼마나 훌륭한지를 느끼게 해 드리고 싶었다.

명함에 '홈 리더 최ㅇㅇ'라고 쓰고, 프로필에는 다음 문구를 넣었다.
- 4남 2녀를 훌륭히 키워 모두 결혼시킴.
- 40년을 시부모님 봉양으로 효부상 받음.
- 내 고장 사랑으로 고향을 한 번도 떠난 적이 없음.
- 음식 솜씨가 매우 뛰어나서 한 번 맛본 사람은 그 맛을 절대로 잊을 수 없음.

어머니는 누구와 비교해도 부족하지 않은 진짜 프로필을 갖고 계신, 당당히 성공한 홈 리더이시다. 코로나가 끝나면 평생의 한(恨)을 풀어드리기 위해 교복을 입고 여고생 추억을 만드는 것과 곱고 단아한 웨딩드레스를 입고 웨딩 사진을 찍어 드리는 것이 나의 버킷리스트 중 하나다.
나는 오래도록 어머니와 함께하길 소망한다.

숨은 말 찾기

주말에 어머니에게 전화드리면,
"밥 먹었니? 뭐해서 먹었니?"
이렇게 묻는 것은 '내가 만들어 보낸 반찬은 잘 먹고 있니?'
라는 의미를 담고 있다.
"그냥 이것저것 대충 먹었어요."
이렇게 대답하면 수화기 너머 어머니 목소리에 힘이 없으실 걸 안다.
"어머님이 해 주신 김치랑 삶아서 냉동시켜 보내 주신 나물도 무치고, 장아찌하고, 어머님이 담가 주신 된장 넣고 된장찌개 해 먹었지요."
그러면 또 해 줄 테니 빨리 먹으란다. 괜찮다고 하면 또 서운해하신다.
"그럼 마늘장아찌 조금만 더해 주세요."
어리광 섞인 내 대답에 금세 목소리가 밝아지며 먹을만하냐고 물으신다. 워낙 음식 솜씨가 좋으셔서 다 맛있지만, 다리도 아픈데 음식 만드느라 힘드실 걸 알기에 남김없이 다 먹으려 한다. 그러지 말라고 아무리 말씀드려도 댁에 들를 때마다 보따리, 보따리 싸 주신다. 좋은 건 두고두고 어머니 드시라고 하면 서운한 표정이 가득하다.
"그럼 저 다 가져갑니다!"
보따리를 챙기면 금세 미소로 바뀌신다. 역시 사랑은 내리사랑이 맞나 보다. 이렇게 따뜻하고 정 많은 어머니가 계셔서 얼마나 감사한지 모른다. 열 살에 돌아가신 친정엄마가 다시 살아오신 것 같다.

많이 배우지 못했다며 자신을 낮추는 어머니는 항상 겸손하시다. 안부 전화를 드리면 늘 "전화 줘서 고마워." 하신다. 언제나 "네가 잘해서 그렇지." 하며 내 편을 들어주신다.
"정원이는 학교 잘 다니지?"
"그럼요, 어머님 닮아서 얼마나 부지런한대요."
"일은 잘하냐?"
종종 남편 안부를 묻기도 하신다.

"그럼요, 뉘 집 자식인데요. 얼마나 가정교육을 잘 받았는지, 제가 신경 쓸 일이 없어요."
이런 하얀 거짓말을 남발한다. 수화기 너머 어머니의 웃음소리가 세상 부러울 것 없이 행복하게 들린다.
사랑이 뭐 별건가?
눈치껏 듣고 싶은 말씀도 하고, 가끔은 하얀 거짓말도 하고, 어머님 냉장고에 있는 반찬 몽땅 들고 오는 욕심 많은 며느리도 되어 드리면 되는 것을.

좋아하는 것 챙겨 드리기, 용돈 드리기, 엄마 앞에서 어리광 피우기, 전화 자주 걸기, 가능하면 하루 한 번씩 사랑한다고 말로 표현하기, 부모님 일대기 만들어 드리기, 내가 축하받는 자리에 부모님 모시기, 맛있게 먹고 :더 주세요." 말하기 등.

- 고도원의 '부모님 살아 계실 때 꼭 해 드려야 할 45가지 중'에서

공감과
배려의 근원

아들이 저녁을 먹으며 갑자기 '할머니가 끓여 준 된장찌개'가 먹고 싶다고 했다. 다음 달에 여름휴가 겸 시아버지 제사가 있어서 내려갈 테니 그때까지 기다리라고 했다.

누가 장손 아니랄까 봐 아들은 유독 할머니에 대한 정이 깊다. 어릴 때도 강원도에 비가 많이 온다는 일기예보를 들으면 괜찮은지 할머니께 전화해 보라 하고, "나는 할머니가 참 좋아."라며 할머니에 대한 그리움과 사랑을 드러내곤 한다.

결국, 다음 달까지 기다리지 못하고 주말에 내려갈 준비를 했다. 두 동서가 어머님 댁과 가까이 살며 살뜰히 챙겨 드리는 것이 고마워 나름대로 마음을 표현하며 살아왔다. 이번엔 어떤 것이 좋을까 생각하다 내가 해 준 반찬들을 좋아하니, 제철인 오이로 소박이를 담가서 갖고 가기로 했다.

지난 주말, 남편에게 농수산물 시장에서 장을 봐 달라고 했더니 오이 100개가 든 20kg 한 상자를 사 온 게 아닌가? 넉넉히 사 오라고는 했지만, 그렇게 많이 사 온 걸 보고 무척 당황스러웠다. 평소에 내가 손이 크다는 걸 남편도 알고 있지만, 오이 100개를 사올 줄은 몰랐다.
"아니 도대체 무슨 생각으로 이렇게 많이 사 왔어요?" 하고 묻고 싶었지만, 애써 장을 봐다 준 사람 기분만 상하게 할 게 뻔하다. 이번 기회에 솜씨도 뽐낼 겸 인심이나 쓰자고 생각을 고쳐먹었다.

오후 5시부터 오이를 깨끗이 씻어서 열십자로 자르고, 소금물을 끓여서 부었다. 절여지는 동안 어머니가 보내주신 태양초 고춧가루, 매실 엑기스, 양파와 마늘을 곱게 갈고, 부추와 당근 등 온갖 양념을 준비했다. 50여 분 동안 절인 오이를 건져서 준비해 놓은 양념으로 속을 다 채우고 나니 밤 11시가 넘었다.
오이소박이는 손이 많이 가서 담그기 힘들어도 익어서 먹기 시작하면 정말 헤프다. 넉넉히 담아서 여동생과 지인들에게 한 통씩 주고도 두 동서와 어머니에게 가지고 갈 양이 충분해 보인다. 엄마의 손맛이 나에게 전해져서인지 다들 맛있다고 김치 장사를 해보란다.

엊그제가 생일이었던 남편은 자신을 낳느라 고생하신 어머니에게 맛있는 것 사드려야겠다고 하고, 아들은 또 할머니 된장찌개 타령에 덩달아 신이 났다. 된장찌개는 핑계이고, 할머니의 따뜻한 손길과 무조건적인 호응, 온화한 미소로 '언제나 내 편인 할머니 품'이 그리웠던 것이다.
따뜻한 온기가 늘 배어 있는 가족의 품은 누군가를 대할 때 공감과 배려로 이어지는 근원이지 않을까 싶다.

마지막
그 한마디

15년 전 6월 말, 그해 장마는 유례없는 장마로 기록되었다. 간암 말기라는 진단을 받은 지 3개월도 안 되어 시아버지가 돌아가셨다. 죽음을 맞이하는 그 순간까지 4남 2녀 중 누구의 이름도 부르지 않고, 장손만 찾으셨다. 3대째 이어진 장손이 뭐라고 "우리 손주 잘 키워 달라."는 유언을 내게 남기고, 64년 동안 장남과 장손으로 살아 온 무거운 짐을 내려놓고 눈을 감으셨다.

장례를 치르는 내내 하늘이 뚫렸다고 할 정도로 엄청난 비가 내렸다. 몇십 년 만의 큰 장마라고 했다. 동네를 들어오는 큰 다리가 물에 잠겼고, 전기도 끊겼으며, 수돗물까지 나오지 않았다. 아무리 장마라지만 이렇게 천둥 번개까지 동반한 장대비가 쉼 없이 쏟아지는 건 처음 있는 일이었다.
"정승 집 개가 죽으면 가도 정승이 죽으면 안 간다."란 속담은 맞는 말이었다. 시아버지는 그곳에서 태어나고 자라기도 했지만, 읍·면소재지의 유지로 군수와도 막역한 사이라 웬만한 사람은 다 아는 유명 인사였는데 찾아오는 이가 드물었다. 나도 이리 서운한데 말없이 누워 계신 시아버지는 얼마나 서운하셨을까.

장남인 우리 결혼식은 정선에서 제일 큰 예식장에서 했는데도 500명이 넘게 와서 예식장이 미어터진다고 난리였다. 장마철에 다리가 잠기긴 했어도 '마음이 있으면 산을 넘어서라도 올 수 있을 텐데…' 하는 생각이 들었다. 장례가 끝나고 삼우제를 지낼 때는 언제 비가 왔나 싶게 해가 쨍쨍 내리쬐었지만, 그저 몇몇 분이 왔다 갔을 뿐이다. 병원에서 장례를 치렀다면 5일장을 하지 않아도 되었을 테고, 꼭 인사하실 분들도 왔다 가지 않았을까?

열 살에 엄마가 돌아가셨을 때는 너무 어려서 몰랐는데, 장례란 이별하는 절차를 통해 그동안에 쌓아왔던 '미운 정 고운 정들을 정리하는 시간'이라는 생각이 들었다. 58세에 홀로 되신 어머님은 "시장에서 국수 한 그릇 안 사 주고 혼자 먹으러 가더니, 뭘 잘했다고 그렇게 빨리 가냐."고 눈물을 훔치셨다.

시아버지는 마음은 참 따뜻한 분이셨는데, 유교 사상에 젖은 분이라 다정다감한 표현을 못 하셨다. 어머니는 그동안 서운하셨던 것들이 쏟아져 나오는 것 같다. 하긴, 저렇게라도 털어 내야 속이 조금 편해지실 것이다. 더구나 불같은 성격의 시할머니 밑에서 40년간 시집살이하시고, 시할아버지는 두고 가셨으니 얼마나 할 말이 많으실까. 8년 후, 감기 한 번 앓지 않으시던 시할아버지는 가을이 시작되던 어느 날 아침, 조용히 아들 곁으로 가셨다.

시아버지가 돌아가실 때 네 살이던 아들은 이제 스무 살이 되었다. 올해 대학교 1학년이 된 아들은 장학금을 받으며 학교생활을 잘하고 있다. 할머니 생각하는 마음이 남다르다. 엊그제 새해 첫날, 할머니한테 전화하고는 남편한테 "할머니에게 전화했느냐."고 확인한다. 아직 못했다고 하자 할머니가 큰아들 전화만 기다리고 계실 텐데, 왜 이렇게 늑장이냐고 성화다.

시아버지의 마지막 유언을 지키려고 나름대로 애썼다. 일류대는 보내지 못했지만, 주위 사람들의 마음을 헤아리는 따뜻하고 바른 인성을 가진 아들로 키웠다고 자부해 본다.

균형 있는 삶이 아름답다

할아버지와 아버지의 깐깐하고 꼼꼼한 유전자가 내게도 꽤 내재되어 있다.

아버지는 기업의 회장님 같은 포스와 아우라를 지니고 있었다. 가난한 살림인데도 분에 넘치는 옷차림으로 마치 목에 깁스한 듯 고개를 꼿꼿이 들고 이건희 회장처럼 걸으셨다. 누구를 만나든 항상 있는 척을 하셨다. 그런 아버지가 거만한 듯 느껴져 어른이 되면 겸손하고 소박한 사람으로 살아야겠다고 생각했다. 지금껏 그렇게 살아왔다고 생각했고, 겸손하다는 말도 종종 듣곤 했다.

세월이 흘러 사십 중반이 되니 겸손함이 오히려 매사에 지나친 머뭇거림으로 보이고, 적극적인 삶의 자세가 되지 못한다는 것을 알게 되었다. 동전에도 앞뒷면이 있듯이 내 삶의 모토였던 겸손함이 장점으로만 작용하지는 않았다. 누군가에게는 겸손함이 오만함으로 보이기도 하고, 누군가에게는 부족함으로 보여 오히려 손해를 입는 경우도 생긴다.

적절히 균형을 이루어 행동하기란 그렇게 어려운 걸까? 살아가며 만나는 사람과의 관계 속에서 여러 상황과 맞닥뜨릴 때마다 현명한 판단력이 필요하다는 걸 느낀다.
'우리는 신이 아니라 인간이다. 그래서 다양한 상황을 통해 삶을 배우며 발전하고 진화하는 게 아닐까?' 하고 스스로 위로해 본다.

매사에 감사하는 마음으로 살아가지만, "감사할 줄 모르는 것은 불만이 아니고, 위로 오르려는 욕구는 창의적인 불평이다."라는 말도 이해하게 된다.

행복한 산타 배달부

현관 앞에 택배 상자가 쌓여 있다. 며칠 전에 주문한 크리스마스 선물들이다. 일 년 내내 크리스마스를 기다리는 올해 초등 4학년인 조카는 아직 산타 할아버지의 존재를 굳건히 믿고 있다.

이모인 나는 산타로 가장해 크리스마스 선물을 준비한다. 준비하는 김에 여동생 가족들 선물까지 주문했다. 조카는 조립 완구를 좋아하니 좀 큼직한 레고, 조카딸은 중학교 1학년이라 캐릭터가 그려진 예쁘고 실용적인 충전식 손난로, 여동생은 영양크림, 제부는 몸에 좋은 영양식으로 준비했다.

예쁘게 선물 포장하는 모습을 본 아들이 한마디한다.
"아주 좋은 이모를 두었네요."
자기 선물이 없어 약간 서운한 표정이다.
대학생 아들에게는 선물보다 현금이 더 필요하다는 걸 알기에 준비하지 않았지만, 크리스마스에 데이트할 아들 여자친구에게 줄 선물은 준비했는데….

산타 할아버지의 선물을 받고 행복해할 네 식구의 모습을 상상하니 절로 미소가 지어진다. 배달하는 길에 아파트 경비 아저씨 두 분께도 작은 마음을 전했다. 그분들은 산타의 존재에 대해 잘 알고 계시니 포장 대신 감사 인사를 붙였다.
"Merry Christmas!"

잊히지 않는 인사법

'인간관계가 시작되는 신호'이며
'자신의 인격을 표현하는 최초의 행동'과
'마음을 여는 첫걸음'을
우리는 '인사'라고 한다.

그런데 누군가에게 잊히고 싶지 않다면,
빚을 지고 갚지 않거나
선물을 받고
감사 인사를 하지 않는 것이라고 한다.

음식을 선물 받은 것에 대한 인사는
이렇게 하면 어떨까?
"주신 음식 덕분에 오감이 행복했네요."
"눈으로, 냄새로, 소리로, 맛으로, 마음으로
오감이 포만감으로 가득하네요."

누군가 "아름다우십니다."라고
듣기 좋은 인사를 건네면,
"고맙습니다. 공들여 화장한 보람이 있네요."

누군가의 말이나 행동이 좋아 보이면,
"제가 좀 묻어가도 될까요?"

김수환 추기경님은 버스를 타고 다니는 걸
좋아하셨다고 한다.
"김수환 추기경님 아니십니까?"
"아, 제가 많이 닮았지요. 그런 말 많이 듣습니다."

제5장

타인의 마음을 얻는 지름길

가시 없는 꽃이 될래요

세상엔 가시 있는 꽃보다
없는 꽃이 더 많듯이

세상엔 날선 사람보다
선한 사람이 더 많습니다.

나도 내 이웃에게
가시 없는 선한 사람이고 싶습니다.

공짜는 위험한 거래

"공짜는 없다."라는 속담이 있다.
나는 공짜를 싫어하다 못해 경계한다. 살면서 깨닫기도 하고, 영화나 드라마를 통해서도 충분히 느꼈기 때문이다. 누군가에게 뭔가를 받으면 무엇이든 빨리 되돌려 주고 싶은 생각에 마음이 급해진다.

20여 년 전의 일이다.
토요일 오전 근무를 끝내고 집에 돌아와 쉬고 있는데 밖에서 쓰레기봉투를 공짜로 나눠 준다는 스피커 소리가 들렸다. '선착순'이라는 말에 얼른 밖으로 뛰어나갔다. 쓰레기봉투만 받아서 돌아오면 될 줄 알았는데, 쓰레기봉투는 주지 않고 게르마늄 냄비 얘기만 하고 있었다.
그렇게 한 15분쯤 지났을까, 게르마늄 냄비에 음식을 만들어 먹으면 위장병도 낫는다는 말에 솔깃했다. 예민한 위장 때문에 항상 신경 쓰였는데, 좋아진다는 그 말이 계속 귓전에 맴돌았다. 결국, 지금 시세로 치면 거의 백만 원이나 되는 냄비 세트와 12개월 지로 용지를 받고서야 쓰레기봉투를 받을 수 있었다. 지금은 바로 검색해서 알아볼 수도 있겠지만, 그때는 인터넷이 널리 보급되지도 않았고, 그 냄비로 음식을 만들어 먹으면 정말 예민한 위장이 건강해질 것으로 생각했던 것 같다.

거기 나온 아주머니들은 거의 다 냄비 세트를 사 들고 돌아갔다. 몇천 원 하는 쓰레기봉투를 공짜로 준다는 말에 나가서 백만 원가량의 소비를 한 셈이다. 그렇게 사들인 냄비 값을 다 갚아 갈 즈음 냄비 회사로부터 전화가 왔다. 왜 돈을 갚지 않느냐는 것이다.

너무 놀라서 무슨 말이냐고 하니 ㅇㅇㅇ 씨가 맞냐고 하며 주소를 부른다. 그런데 주소가 다른 주소였다. 우리 집 주소가 아니라고 하자 그제야 이상하다며 확인 후 다시 전화하겠다고 했다. 놀라기도 했지만, 어쩌면 그 돈을 또 갚아야 할지도 모른다는 생각에 분노가 치밀었다.

생각해 보니 냄비를 사기 일 년 전쯤 주말 아르바이트를 하던 곳에 연변에서 온 동갑 아가씨가 있었다. '불법 체류자'라고 힘들어하는 걸 보고 돕고 싶은 마음에 겁도 없이 주민등록증을 잠깐 빌려준 적이 있는데, 그것이 문제였다. 그 아가씨가 내 이름으로 냄비를 산 후 돈을 갚지 않자 내게 전화한 것이었다.

그 일을 처리하기까지 많은 시간 낭비와 마음고생을 해야 했다. 다행히도 그 아가씨를 찾았고, 부탁하다시피 해서 그 돈을 다 갚게 했다. 그 후부터 아주 작은 것도 '공짜'라는 말을 들으면 놀라서 뒷걸음친다. 그때 얻은 교훈을 "공짜란 가장 비싼 거래이자, 위험한 거래이다."라는 말로 정리해 놓았다. 얼마 전 아는 교수님께서 《영어 명언 365》라는 책을 펴냈는데, 이 말을 영문(英文)으로 넣고 싶다고 하여 책에도 실리게 되었다.

그때의 값진 경험으로 더 큰 것을 잃지 않았으니, 어찌 보면 가장 저렴하게 비싼 경험을 하게 된 셈이다.

서로를 위한
배려

대형마트에서 필요한 물품을 사고 주차장에서 나오다 난감한 일이 벌어졌다. 주차 기계가 주차권을 인식하지 못해 2분 이상 지체되었다. 기계가 계속 주차권을 내뱉고 있는데 뒤에서 차를 빨리 빼라고 경적을 울려 댔다. 조급한 마음에 무료주차권을 던져 버리고 신용카드로 계산하려 해도 인식하지 못했다. 그러는 사이 뒤차에서 짜증 섞인 말이 들려왔다.
"안 되면 뒤로 빠지던가."
답답하고 열불이 나던 터라 한마디 쏘아붙였다.
"안 되니까 그렇죠. 아저씨 차를 뒤로 빼야 빼줄 거 아니에요."
씩씩거리며 호출을 눌렀다. 그제야 차단기가 올라갔다. 돌아오는 내내 분한 마음이 쉽게 가라앉지 않았다
자격지심(自激之心)인지 모르겠으나 '내 차가 좋은 차였어도 그랬을까?'라고 생각하다 남편한테 전화 걸어 당장 외제차로 바꿔 달라고 했다. 남편은 그렇게 해 주겠단다. 뻔한 거짓말인 걸 알지만, 그래도 위로가 되었다. 집에 와서도 아들한테

상황을 얘기하며 내 편을 들어 달라고 '감정 동냥'을 했다.

며칠 후 저녁을 먹으며 그때 두 가지를 실수했다고 아들에게 말했다. 첫 번째는 무료주차권이 인식되지 않았을 때 바로 호출을 눌러야 했다. 두 번째는 뒤차가 답답해서 경적을 울렸을 때 바로 차 문을 열고 정중하게 말했어야 했다.
"미안하지만 잠시 기다려 줄 수 있는지요, 급하면 차를 뒤로 빼주면 내 차를 뺄 테니 먼저 가시지요."

평소에도 일 처리를 잘했다고 생각할 때나 실수를 통해 얻은 것들을 아들한테 말해 준다. 초등학교 5학년 이후로 거의 책을 읽지 않으니 이렇게 간접적으로라도 삶의 경험을 얻기를 바라는 엄마의 마음이다.

마음도
평수로 나눌 수 있을까?

얼마 전 허리 통증으로 자세 교정센터를 찾았다. 그곳 원장님은 20년 전 한국 유학생 신분으로 와서 지금은 한국 국적을 가진 러시아 분이다. 한국어가 마치 모국어인 듯한 이분은 사십 대 중반으로 자세 교정 분야에서는 유명한 분이다.
지금의 아내는 유학 시절에 만나 결혼해서 한쪽에서 마사지 숍을 운영하고 있다. 그녀는 성격도 좋지만, 아름다운 마음밭을 지니고 있다. 그 마음밭은 한결같이 온기와 생기로 차고 넘친다. 이역만리 떨어져 있는 가족들도 아내의 매력에 푹 빠져 그녀를 좋아하고 따른다고 한다. 부부는 자신의 이익보다 상대가 필요로 하는 것들을 항상 먼저 챙긴다.

고객들은 마사지를 받거나 자세를 교정하는 내내 누구한테도 쉽게 털어놓을 수 없는 고민을 털어놓는다. 비밀을 지켜 주니 몸뿐만 아니라 마음까지 치유 받고 돌아간다고 한다. 서울에서 한참 떨어진 외곽에 있지만, 예약해야만 들어갈 수 있는 곳이 되었다. 건물도 외관에서 보면 허름하고 내

부 공간도 협소하기 그지없지만, 고급 승용차가 늘 즐비하게 주차되어 있다.

그러다 보니 주변 상인들에게 시샘을 받기도 한단다. 부부는 이런 이웃을 영업사원으로 만드는 능력을 발휘했다. 같은 건물 1층 커피숍에서 커피 수십 잔을 주문하여 직원들에게 돌리기도 하고, 가끔은 주변 상인들에게 간식을 돌리기도 한단다. 그들의 시샘과 눈총이 어느새 눈 녹듯 사라져 가게는 날로 번창하고 굳건히 자리 잡게 되었다고 한다.

손님과 이웃을 존중하는 마음으로 대하면 그들이 입소문을 내어 자발적인 영업사원이 된다. 자신의 이익만 생각하면 미래의 고객까지 발길을 돌린다. 언제나 따뜻하고 겸손한 마음으로 고객과 이웃을 대하는 이들의 넉넉한 마음 평수는 몇 평이나 될까?

타인에 대한 존경은

처세법의 제일 조건이다.

- 아미엘(Amiel, Henri Frédéric, 스위스 철학자(1821~1881))

호칭도
격에 맞게

정기 검진을 받으러 늘 다니던 치과에 갔다. 담당 간호사가 아닌 다른 간호사가 나를 안내하고 치아 점검에 들어갔다. 조금 불쾌한 냄새가 나는 듯한, 깨끗해 보이지 않는 천으로 얼굴을 덮더니 대뜸 이모라고 부른다.

"이모님, 치아 사이가 20대 못지않게 단단하시네요."

칭찬인가? 그런데 이모님이라니, 나도 모르는 조카가 언제 여기서 근무하고 있었지? 물론 친근감 있게 부르는 호칭인 줄은 안다. 스케일링하는 내내 조카(?)의 손길은 부드럽지 않았다. 스케일링이 끝나고 나오는데 한마디 덧붙인다.

"이모님, 오늘 예쁘게 하고 오셨네요."

그런 말은 어머니들이 외출할 때 가끔 화장을 하고 가면 주위에서 듣기 좋으라고 하는 인사치레 아닌가. 난생처음 보는 조카에게 상대방에 대한 적절한 호칭은 기본적인 예의라는 것을 어떻게 알려주지?

마늘 냄새가 입안에 계속 남아 있는 것 같은 찜찜한 기분으로 돌아왔다. 만약 사회 초년생 같은 직원이 이모님이라는 호칭을 했으면 이렇게 불쾌하지는 않았을지 모른다. 몇 번이나 망설이다 참았지만, 속으론 할 말이 많았다.
"정겹게 불러주는 호칭인 줄은 알겠는데 저는 조카가 없답니다. 제 이름으로 불러주면 고맙겠습니다."

곧 정기점검도 하고, 스케일링도 하러 가야 한다. 이번에도 이모님이라고 부르면 "제 이름은 '이모님'이 아닌데요."라고 할까? 별나고 까칠한 사람이라고 하든 말든 알지도 못하는 조카의 이모님이 되고 싶지는 않다.

관심은
불편함을 이긴다

좋은 이웃을 만난다는 건 큰 복이다.
이 아파트에 산 지도 10년이 되어간다. 뒤 베란다 창문을 열면 바로 숲이 펼쳐져 있어 공기가 참 좋다. 아파트에서는 서로에게 피해 주지 않고, 약간의 배려만 있어도 좋은 이웃일 것이다.

지금은 별문제 없이 잘 지내지만, 작년까지만 해도 위층에 사는 노부부로 인해 힘든 적이 많았다. '이웃으로 가까이하기엔 너무 먼 당신들'이었다. 주말부부인 듯했는데 가끔 고성이 오갈 정도로 싸웠다. 이분들이 조용하다 싶으면 덩치가 큰 반려견이 마구 짖어 댔다
처음엔 부탁도 하고, 하소연도 했지만, 그때뿐이었다. 그나마 다행인 것은 한 달에 서너 번쯤 그런 일이 벌어지는 것이다. '만약 무인도에서 살고 있다면 저 개가 짖어 대는 소리도 반가울 테고, 부부의 괴성은 더 반가울지도 몰라.' 하며 최대한 참고 살았다.

그러던 어느 날, 개 짖는 소리가 꽤 오랫동안 이어졌다. 주인이 잘 달래려니 하고 조용해지기를 기다렸지만, 20여 분이나 계속되니 이상하다는 생각이 들었다.
'아주머니가 집에 안 계시나? 아니면 개가 어디 아파서 저러는 건 아닐까? 혹시 주인이 쓰러져서 개가 위급한 상황을 알리는 소리일까?'
안 되겠다 싶어 경비 아저씨에게 알렸다. 잠시 후 경비 아저씨가 올라와 여러 번 초인종을 눌렀지만, 인기척이 없었다. 경비 아저씨는 무단으로 들어갈 수 없으니 경찰을 대동하겠다고 했다.
곧바로 경찰이 도착하여 윗집의 문을 열고 들어가니, 아주머니는 만취 상태로 거실 바닥에 쓰러져 잠들어 있었다. 주인의 안전이 걱정되어 개가 그리 짖었던 것이다. 위급한 상황이 아니어서 정말 다행이었다.

이웃을 위해 나선 적이 한 번 더 있었다. 나서는 걸 그리 좋아하는 편이 아닌데도 안전과 관련된 문제라 용감하게 나선 것이다.

이십 대 중반쯤, 토요일 오전 근무가 끝나고 퇴근해서 돌아오는 길이었다. 주택가를 지나는데 5층 빌라의 3층 창문을 통해서 연기가 새어 나오고, '타닥 탁!' 하는 소리까지 들렸다. 얼른 119에 신고하니, 그곳에서 기다리라고 했다.

잠시 후 소방차가 도착했다. 소방대원들이 3층으로 올라가 초인종을 몇 번 누르자 집안에서 아주머니가 문을 열어 주었다. 아주머니는 밖의 상황을 살피며 귀찮다는 반응을 보였다. 액땜한다며 쑥과 소금을 태우는 연기와 소리였다고 했다.

나중에 알았지만, 집에서 뭔가를 태울 때 신고하지 않으면 '소방법'에 걸린다고 한다. 아주머니는 '별걸 다 신고해서 사람 귀찮게 한다.'는 표정으로 신고자인 나를 흘겨보았다. 좋은 일 하려다 '별걸 다 참견하는 별난 아가씨'가 되었다. '그냥 지나갈 걸 그랬나!' 하는 생각도 들었지만, 만약 화재였다면 평생 후회할 뻔했다.

 시간이 지난 후 돌이켜 보니 좀 더 침착했어야 했다. 신고하기 전에 그 집 벨을 누르고 확인했더라면 많은 사람의 수고를 덜 수 있었을 것이고, 나도 공연히 일을 크게 만든 사람은 되지 않았을 것이다. '위급한 상황일수록 침착하게 대처해야 한다.'라는 말을 되새기게 한 사건이었다,

벼룩을 잡을 때를 제외하고는

어떤 일에서든 서둘지 말라.

- 영어 속담

가끔
이런 방법 어때요?

최근 강의하러 가던 중 방향 지시등을 켜지 않고 급하게 끼어드는 차로 인해 큰 사고가 날 뻔한 적이 있었다. 브레이크를 급히 밟아서 사고는 면했지만, 무척 놀라고 당황했다. 끼어들기 전에 방향 지시등을 켜고 미리 속도를 줄였으면 이렇게 놀랄 일은 없었을 것이다.

나도 그런 실수를 한 적이 있다.
몇 년 전, 종로를 지나가던 중 차선을 변경해야 하는데 그러기엔 거리가 너무 짧고, 변경하지 않으면 한참을 돌아 강의 시간에 늦을 것 같았다. 결국, 무식한 운전자가 되기로 했다. 급한 마음에 방향 지시등 켜는 것도 잊은 채 끼어들기를 시도했다. 그러자 바로 옆, 뒤 차로부터 '빵 빠앙~' 하는 큰 경적이 들렸다. 백미러로 보니 창밖으로 나온 팔에 문신이 요란했다. 그 남자는 큰소리로 상스러운 말을 마구 쏟아내며 삿대질을 해댔다. 이미 큰 경적에 놀란 데다 험악한 표정에 겁도 나고 주눅 들긴 했지만, 얼른 차 문을 내리고 연신 고개

숙이며 "스미마셍~."을 연발했다. 그러자 그 남자는 어이없다는 표정으로 "뭐야, 일본인이었어?" 하며 욕을 멈춘 채 나를 노려보며 지나쳐 갔다. 휴, 다행이었다.

어느 책에 "논쟁은 뱀을 만난 듯 그 자리를 피하라."고 했다. 내가 잘못한 데다 험상궂은 남자와 부딪혀서 좋을 게 없다. 일단 피하는 것이 상책이라는 생각에 나도 모르게 순발력을 발휘해 위기를 모면할 수 있었다
웬만해선 마음에 큰 동요가 없는 편이라 조직의 일원처럼 보이던 그 남자가 단지 무서워서 피한 것만은 아니었다. 물론 내가 잘못했으니 사과하는 것은 맞다. 그러나 복잡한 도로 한복판에서 다른 차들의 진행을 방해하지 않기 위해선 빨리 그 상황을 정리하는 게 현명한 방법 같았다.

평소에도 내가 운전하는 걸 보고 남편과 아들이 "좋게 말하면 시원시원하고, 나쁘게 말하면 과격하다."라고 걱정 어린

잔소리를 한다. 원래 차분한 성격인데 운전석에 앉으면 거침없이 질주 본능이 발동한다. 20년 전 운전면허 도로주행시험을 볼 때 함께 탑승했던 여경이 시험이 끝나고 한마디했다.
"차분해 보이는 분이 꽤나 격하게 운전하시네요."
겨우 탈락을 면한 점수로 운전면허증을 받을 수 있었다.

운전면허를 딴 지 얼마 되지 않아 강원도에 계신 어머니 댁에 갈 일이 있었다. 그때 남편은 팔을 다쳐 깁스하고 있던 터라, 내가 운전했다. 고속도로를 겁 없이 달리다 가드레일을 스쳤다. 큰 굉음과 함께 차 긁히는 소리가 요란하게 들렸다. 적당한 곳에 차를 세운 후, 남편이 내려 살펴보더니 폐차해야겠다고 한다. 바퀴를 감싸고 있는 휠이 좀 갈리긴 했지만, 다른 데는 별 이상이 없는 것처럼 보였다.
"폐차시키기엔 너무 아깝지 않아요? 아직 1시간은 더 가야 할 것 같은데 얼른 타세요."

여전히 남편과 아들의 잔소리를 듣고 있지만, 여유 있게 출발해서 무리하지 않게 운전하려고 한다.

"엄마의 운전은 많이 착해지긴 했지만, 좀 더 착해져야 할 것 같아요."

아들은 대학생이 되자마자 1종 운전면허를 따 놓은 터라, 예전 같으면 잔소리할 때마다, "자격이 될 때 그때 말해."라고 했는데, 이제는 그 말도 할 수 없게 되었다. 아들이 조수석에 앉으면 좀 더 착하고 온순한 운전자로 변해 있는 내 모습에 슬며시 웃음이 나온다.

눈으로 마시는
에너지 드링크

나는 포스트잇을 좋아한다. 좋은 글귀나 기억하고 싶은 말들을 적어서 보이는 곳마다 붙여 놓는다. 볼 때마다 한 번 더 생각하고, 다시 마음을 가다듬게 된다. 마음을 전하는 메신저로 사용하는데 이만한 게 없다.

가끔 어머니가 택배로 농산물들을 보내 주신다. 김치며 쌀이며 바리바리 보내 주시는 것에 자식 사랑이 가득 담겨 있다. 보내 주시는 어머니도 고맙고, 우리 집에까지 배달해 주는 분도 고맙다. 택배 받을 일이 있는 날은 약간의 간식을 준비해 현관 문고리에 포스트잇과 함께 걸어 놓는다.
"많이 무거웠을 텐데, 고맙습니다."
"김밥을 너무 많이 했네요. 괜찮으시면 가져다 드세요."
"마스크 착용하고 만들었으니 걱정하지 않아도 됩니다."
"오늘 날씨가 많이 춥네요. 고구마를 구웠는데 차와 함께 드세요."

아주 오래전에 받은 포스트잇이 눈에 들어왔다.

"항상 내 말
귀 담아 들어 줘서 고마워, 엄마.
사랑해♡
from 아들이"

마음을 행복하게 해 주는 문구를 읽는 순간, 행복 에너지가 가득 차오른다.
마음은 표현하지 않으면, 알 수 없다.
마음은 말로, 손으로, 표정으로 전해야만 알 수 있다.

울리지 않는 종은 종이 아니며,

부르지 않는 노래는 노래가 아니고,

표현하지 않는 사랑은 사랑이 아니다.

— 하만스타인(Haman stenin, 시인)

보이는 매너
&
들리는 매너

평소 인상도 좋고, 매너도 좋은 K 대표를 만났다. 강의와 관련하여 그 회사에 들렀는데, 반갑게 인사하고 차를 마시던 중 K 대표의 전화가 울렸다. 그런데 받자마자 "이런 전화 다신 하지 마세요." 하며 뚝 끊었다. 한마디로 수화기 속 '인격의 부재'였다. 그렇게 큰소리로 전화를 끊고 나와 눈이 마주친 K 대표의 얼굴에는 짜증이 그대로 남아 있었다.

"하나를 보면 열을 안다."라는 말이 있다. 아침에 좋지 않은 일이 있던 차에 광고성 전화가 걸려 와서 그렇게 받을 수도 있다. 그러나 같이 있는 사람도 그 감정을 고스란히 느낀다. 아무리 광고성 전화이지만, 전화 한 사람도 기분이 언짢을 것이다. 전화기 너머의 상대가 앞에 있는 것처럼 매너를 갖추는 것은 정말 어려운 일일까?

요즘은 보이스피싱 때문에 모르는 전화는 대부분의 사람이 받지 않을뿐더러, 바로 차단 버튼을 누르기도 한다. 그러나 나와 같이 프리랜서로 일하는 사람들은 그럴 수 없다. 그래

서 기분 좋게 전화를 거절하는 팁(tip)을 상황에 맞게 준비해
놓고 사용한다.

누군가와 같이 있을 때,
"지금 기다리고 있는 전화가 있어서요."
혹은 "곧 회의가 시작되어서요."
혼자 있을 때는,
"지금 운전 중이라서 전화 끊습니다."
여기에다 "수고하세요."를 덧붙인다면 굿 매너일 것이다.

기분 좋은 거짓말을 하는 것도 나쁘지 않다.
"어머, 저랑 같은 일을 하시네요. 파이팅입니다."
또는 아주 작은 목소리로,
"죄송하지만, 지금 여기 화장실(장례식장, 엘리베이터)이라서요."
얼굴도 모르고 아무 관계도 아니지만, 서로에게 기분 좋은
통화 매너는 익힐 필요가 있다.

마음을
여는 열쇠

러시아 초현실주의 화가 블라디미르 쿠쉬의 작품 중에 열쇠로 사람의 마음을 여는 그림이 있다. 화가의 뛰어난 상상력으로 표현해 낸 그림인데 시사하는 바가 적지 않다.

상대의 마음을 움직일 수 있으려면 상황에 맞는 말과 행동이 필요하다. 사람의 마음을 여는 열쇠는 섬세하지 않으면 절대로 열리지 않을뿐더러, 자동으로 비밀번호가 수시로 바뀌는 것처럼 느껴지기도 한다.

사람의 마음을 얻기가 쉽지 않듯이 강의장에서도 청중들과의 소통 또한 쉽지 않다. 강사들의 교육 과정에서 '강사의 강의 매너와 자세'를 강의할 때, 영국의 시인 알렉산더 포프의 명언으로 마무리하곤 한다.

"상대를 존중하는 마음 자세가 사람의 마음을 여는 열쇠의 기본 틀일 것입니다."

사람을 가르칠 때는 가르치지 않는 듯해야 하며,

그들이 모르는 것은 잊어버린 것으로 취급해 주어야 한다.

- 알렉산더 포프(Alexander Pope, 1688~1744)

빠르게 보다 바르게

고등학교에 강의하러 가면 급훈을 눈여겨본다. 급훈과 그 반의 분위기가 닮을 때가 많다.
오늘 강의한 안양 k 고등학교의 1학년 어느 반의 급훈이 '바르게 보다 바르게'였다. 인성을 중시하는 내용을 담은 급훈이어서 그런지 다른 반에 비해 아이들이 유독 밝고 예의 바르게 느껴졌다.
학생들에 대한 강의는 늘 미래를 담은 꿈과 연관 짓는다.
7교시쯤 되면 학생들이 조금 지쳐 있다.
강의가 끝나갈 무렵, 집중할 수 있도록 좋은 글로 메모해 놓았던 꿈에 대한 퀴즈를 낸다.

꿈을 한 글자로 하면 - 깡
꿈을 두 글자로 하면 - 도전
꿈을 세 글자로 하면 - 무한대
꿈을 네 글자로 하면 - 백지수표
꿈을 다섯 글자로 하면 - 이루어진다

코로나 사태가 2년 넘게 지속되니 강의하는 것이 갈수록 어렵다.
마스크를 쓰고 강의하는 것이 당연한 일상이 되었는데, 마스크를 쓰면 발음에 여간 신경이 쓰이는 게 아니다. 강의하러 가는 차 안에서 발음 연습을 하고, 복식호흡도 하고, 허밍으로 얼굴 근육을 풀기도 하지만 답답함은 여전하다. 평범한 일상이 얼마나 감사한지 새삼 깨닫는다.

작은 매너 긴 여운

오늘은 밤이 가장 긴 동시에 낮이 가장 짧은 '동지(冬至)'다.
오후 다섯 시도 되지 않았는데,
차들은 전조등을 켜고 달린다.
곧 퇴근 시간이라 러시아워가 시작되겠지만,
아직은 차들이 제법 잘 빠져나간다.
신호가 바뀌자 까만 미니쿠페가 부드럽게 멈추어 섰다.
적당한 거리를 두고 멈춘 나는 얼른 전조등을 껐다.
잠시 후 앞차의 비상등이 두어 번 '깜빡깜빡' 하고는
운전석의 차 문이 내려가더니
손을 차 밖으로 내밀고 '엄지'를 치켜세운다.
신호가 바뀌자 품위 있는 매너를 보여 준 까만 차가 출발한다.
나는 전조등을 다시 켜고 출발했다.

작은 차 뒤에서 신호를 기다릴 때 종종 전조등을 끄지만,
인사를 받은 건 처음이다.
매너 있는 차주를 만난 후로 도로에서 그 차를 만나면

멋진 영국 신사가 타고 있을 것 같은 상상을 하게 된다.
배려하는 마음과 그 배려에 답하는
매너 있는 태도를 접하는 날은
회색빛 도시가 잠시 환하게 느껴진다.

참는 것이 다 미덕일까?

3월 초, 겨울옷을 벗기엔 추운 날씨였다. '손 없는 날'을 골라 이사하는 언니에게 따뜻한 커피와 약간의 간식을 들고 도착하니 11시가 다 되었다.
이삿짐은 거의 다 차에 실려 있었다. 1층에서 이삿짐을 받는 사다리차 옆에 세 분, 3층에서 내려보내는 한 분 등 총 네 분이 일하는 중이었다. 커피가 없다고 투덜거렸다는 언니의 말을 들으며 가져온 간식을 건넸다. 그분들은 주고받는 말들이 거칠어서인지 그다지 좋은 인상은 아니었다.
 이삿짐을 다 싣고 나니 11시 30분쯤 되었다.
언니는 점심값을 넉넉히 드리며 10여 분 거리에 있는 이사 갈 집에서 만나기로 하고 나오는데, 좀 전에 건넸던 음료수 병이 바닥에 여기저기 널브러져 있었다. 그 병들을 주워 담으며, 앞으로 서너 시간은 더 그분들과 일해야 할 생각에 살짝 걱정되었다.

집이 3층인데 사다리차를 사용할 수 없는 곳이었다. 돌침대

와 의료기기 등 무거운 짐들이 있어 걱정이 앞섰다. 3시간 동안 이삿짐을 옮기고 정리하는 내내 그분들은 마치 공짜로 해 주는 것처럼 불평을 쏟아냈다.
한 남자는 자기가 집주인인 양 행동했다. 엘리베이터 없이 3층으로 이사한다고 추가 비용도 냈는데, 필요한 사항을 이야기하면 자신이 알아서 할 테니 가만히 있으라고 한다. 게다가 이사를 끝내고 저녁 식사비는 물론 반강제로 아주머니한테 팁까지 챙겼다.

아주머니는 허리가 아프니 파스가 있으면 달라고 요구했다. 없다고 해도 몇 번이나 달라고 했다. 이상하다고 여겼는데 나중에는 노골적으로 팁을 달란다. 듣기도 싫고, 빨리 보내려고 3만 원을 주었더니 금세 표정이 바뀐다.
그동안은 좋은 게 좋다는 생각으로 무례하게 행동하는 사람들을 봐도 참고 그냥 넘어갔다. 당당히 요구할 권리가 있는데도 참는 것은 어리석은 일이다. 그런 사람들은 자신의 행동이 정당하다고 생각하며, 앞으로도 계속 다른 사람들에게 피해를 줄 것이다.

내가 느낀 불쾌한 감정을 분명히 전하고, "당신의 무례한 언행을 그만두라."고 말했어야 했다. 그래야 나의 권리를 지킬 수 있을 뿐만 아니라, 또 다른 피해자를 막는 계기가 되기 때문이다.

아량이 만든
따뜻한 시선

80년대 중반, 내가 살던 동네에는 사과 과수원이 한 집 있었다.
봄철이 지나고 여름 장마가 지났을 무렵이었다.
태풍으로 알이 제법 굵은 사과가 땅에 떨어진 것을 보니 동생들 생각이 났다. 어두컴컴한 새벽에 바구니를 들고 집에서 10여 분쯤 떨어져 있는 과수원으로 갔다. 울타리에 쳐져 있는 철조망을 비집고 들어가서 떨어진 사과를 열심히 주워 담았다. 바구니에 사과가 거의 차서 들어왔던 철조망을 빠져나오는데 과수원 이웃에 사는 아주머니가 멀리서 나를 보고 계셨다. 순간, 간이 콩알만 해졌다. 꼼짝없이 사과 도둑이 될 판이었다. 열여덟 나이에 너무 부끄럽고 창피했지만, 아주머니를 향해 걸어갔다.

아주머니와 가까워졌을 때 꾸벅 인사하고는 얼른 사과 바구니를 내밀었다.
"아주머니, 떨어진 사과만 주웠지, 한 개도 따지는 않았어요, 여기 보세요."
그러면서 짙은 갈색을 띤 사과 꼭지를 보여 주었다. 방금 딴 사과 꼭지는 초록빛이 감돌아서 금방 티가 난다.
아주머니는 내가 세 명의 동생을 보살피는 소녀 가장인 걸 알고 있어서인지 사과는 쳐다보지도 않고 말했다.
"학교 가려면 동생들 아침밥도 해야 하고, 도시락도 싸야 할 텐데 얼른 가."
그 말을 듣는 순간, 눈물이 핑 돌았다. 나를 믿어주는 마음이 고맙기도 하고, 사과 도둑이 되지 않아 천만다행이라는 생각에 연신 고개 숙여 인사하고 집으로 향했다.

생각해 보면 어린 동생들 먹이겠다고 그 새벽에 사과를 주우러 간 것과 사과 도둑으로 오해받을 수 있는 상황이었는데 '자수하여 광명 찾자.'라는 생각으로 아주머니에게 다가간 것이 참 기특했다는 생각이 든다. 요즘 같았으면 영락없는 사과 도둑이 되었을 것이다. 떨어진 사과라도 사유지에 들어간 것 자체가 문제가 될 테니 말이다.

"오이밭에서는 신발을 고쳐 신지 말고, 오얏나무 아래에서는 갓을 고쳐 쓰지 말라."는 속담처럼 오해 살만한 행동은 피하는 것이 현명한 처세인 것을 그때는 미처 생각하지 못했다. 아주머니의 아량 덕분에 나는 세상을 따뜻한 시선으로 바라볼 수 있게 되었다.

해와 바람의 대결

며칠 전, 아들이 엘리베이터에서 아래층 아저씨를 만났는데 괜히 미안한 생각이 들었다고 했다.
"왜?"
"지난번 그렇게 한 거 잘한 일 같지 않아요."
"무슨 일?"
"담배 연기 사건 말이에요."

아들 방 베란다 문을 열어두면 담배 연기가 올라와서 문을 닫곤 했는데, 어느 날 더는 못 참겠다며 내려가서 하소연하고 올라온 적이 있다. 며칠 간격으로 세 번이나 말했다고 한다. 아들보다 두세 살쯤 어려 보이는 아래층에 사는 학생이 담배를 피웠던 모양이다. 한번은 그 집 아저씨가 나왔다고 한다. 아직 고등학교 일 학년쯤 된 아들이 담배 피우는 것도 속상했을 텐데, 윗집에서 담배 연기로 몇 번이나 벨을 눌렀으니 그분 마음도 편치는 않았을 것이다.

아들이 "좀 참을 걸 그랬다." 하더니 바로 고개를 젓는다. 그대로 두었으면 담배 연기가 계속 올라왔을 거라고 한다. 지금도 간혹 담배 연기가 올라오지만, 예전처럼은 아니라고 했다. 스무 살 아들은 담배를 피우지도 않지만, 나처럼 담배 연기를 유독 싫어한다.

나는 아들에게 물었다.
"다른 방법은 없었을까?"
"잘 모르겠어요."
"혹시 바람과 해 중 누가 나그네의 외투를 빨리 벗게 하는지 내기했던 동화 생각나니?"
"생각나요."
"누가 이겼지?"
"해가 이겼잖아요."
"그래, 맞아. 해가 이겼지. 엄마였다면 과일이라도 들고 내려가서 '남편이 기관지가 약해서 담배 연기를 맡으면 너무 힘들어해서요. 죄송하지만 부탁 좀 드릴게요.'라고 하얀 거짓말을 했을 거야. 그래도 담배 연기가 올라오면, 같은 방법으로 두세 번 더 부탁했겠지.".
"그래도 연기가 계속 올라오면 어떻게 해요?"
"매너 있게 부탁했는데도 바뀌지 않는다면 사람의 마음을 헤아리는 사람이 아니니, 그때는 담배 연기가 방으로 새어 들지 않도록 방법을 찾아야겠지."

상대가 듣기 싫어하는 말로는 변화를 이끌어 낼 수 없다. 서로 감정의 골만 깊게 파이고, 돌이킬 수 없는 상처를 남긴다. 간혹, 뉴스를 통해 전해지는 아파트 이웃 간의 비극적인 사건을 봐도 알 수 있다. 햇빛으로 나그네가 스스로 옷을 벗게 한 것처럼, 사람도 따뜻한 마음으로 다가가야 변화를 만들어 낼 수 있다.

가까울수록
지켜야 할 것

30년지기 친구가 허리 수술을 했다.
코로나로 병문안 갈 수도 없는데, 퇴원해서 요양 중이라는 메시지를 받고 전화했다. 수술 중 쇼크로 많이 놀라고 힘들었던 모양이었다. 보름쯤 지났는데 이제 겨우 걸을 수 있다고 했다.

친구는 길고양이들을 오랫동안 보살펴 왔다. 고양이한테 들어가는 비용이 매달 백여만 원쯤 된다고 한다. 여유롭다면 모르겠지만, 한 달 수입의 거의 절반을 쓰고 있으니 주위에서 걱정 어린 핀잔을 하는 상황이었다. 그런데 그 몸으로 또 고양이를 치료할 일이 생겼다며 병원에 다녀와야 한단다.
"고양이 사랑도 좋지만, 네 몸부터 회복하는 게 맞지 않겠니?"
걱정하는 마음에 한마디했더니 그런 말 할 거면 전화 끊으란다. 이런 말을 얼마나 많이 들었으면 말이 떨어지자마자 버럭 화를 낼까. 친구의 반응이 좀 놀랍고 당황스러웠다. 다른 사람들은 사람한테 나눔과 후원을 한다면 그 친구는 길고양이한테 하고 있을 뿐인데, 그런 자신의 마음을 아무도 몰라주는 것이 내심 서운하고 답답했던 모양이다.

감정을 가라앉힌 친구는 흥분해서 말이 심했다며 미안하다고 했다. 나도 얼른 회복하라는 말과 함께 네 마음을 이해하지 못해 미안하다는 말로 전화를 끊었다.
누군가를 위해 돈을 쓰는 것은 관심과 애정이 있어야 가능할 것이다. 외롭고 힘든 길을 가고 있는 친구의 마음을 이해하지 못하는 내가 편협한 사고를 지닌 것은 아닌지 돌아보는 시간이었다.

얀테의 법칙

북유럽 사회에는 '얀테의 법칙'이라는 행동 지침이 있다. 일명 '보통 사람의 법칙'이라고도 하는데, 이것의 영향을 받은 덴마크는 UN이 발표한 행복지수에서 해마다 상위권에 오른다고 한다.

'얀테의 법칙' 핵심은 서로를 동등한 존재로 인식하는 것이다. 남들보다 특별하거나 똑똑하지 않으니 평범한 사람으로 살아가라고 당부한다. 남을 이해하고 존중하며 겸손하라고 타이른다. 더불어 살아가기 위해서는 무엇이든 나만 옳다고 생각하지 말고, 남을 비웃지도 말라고 강조한다.

성경 말씀처럼 대접받고 싶은 대로 행동하는 게 맞는데, 자신은 제멋대로 하고, 조금이라도 상대가 상식을 벗어나는 행동을 하면 도끼눈을 뜨고 따지러 든다. '얀테의 법칙'은 어디서든 필요한 법칙이다.

첫째, 스스로 특별한 사람이라고 생각하지 말 것.

둘째, 내가 다른 사람보다 좋은 사람이라고 착각하지 말 것.

셋째, 내가 다른 사람보다 더 똑똑하다고 생각하지 말 것.

넷째, 내가 다른 사람보다 우월하다고 자만하지 말 것.

다섯째, 내가 다른 사람보다 더 많이 알고 있다고 생각하지 말 것.

여섯째, 내가 다른 사람보다 더 중요한 위치에 있다고 생각하지 말 것.

일곱째, 내가 무엇을 하든지 다 잘할 것이라고 장담하지 말 것.

여덟째, 다른 사람을 비웃지 말 것.

아홉째, 다른 사람이 나에게 신경 쓰고 있다고 생각하지 말 것.

열 번째, 다른 사람을 가르치려 들지 말 것.

― 덴마크계 노르웨이 작가 '악셀 산데모세'가 쓴 풍자소설
  《도망자》에 나오는 보통 사람의 바람직한 10개의 행동 규칙.

꼭 그런 것만도 아니지

열정적이고 적극적인 사람이
소극적이고 답답해 보이는 사람보다 나을까?
꼭 그런 것만은 아니지….

공부한다고 손가락 까딱하지 않는 아들이
집안일은 잘 도와주지만
공부에는 그다지 흥미없는 아들보다 나을까??
꼭 그런 것만은 아니지….

실력 능력 다 갖춘 완벽한 남편이
완벽하지는 않지만
정 많은 우리 남편보다 나을까??
꼭 그런 것만은 아니지….

인색하다는 소리 들으며 집 두 채 산 친구가
음식이든 정이든 뒷집으로 옆집으로 퍼다 나르며
전세로 사는 친구보다 나을까??
꼭 그런 것만은 아니지….

여유롭게 인생을 즐기는 친구가
나이 오십에 공부한다고
다크 써클 턱까지 내려온 친구보다 나을까??
꼭 그런 것만은 아니지….

- 김승호의 《좋은 아빠》 내용 중
  '꼭 그런 것만은 아니지'를 패러디한 글.

마음의 거리를 좁히는 공감 대화
나도
아들 역할은
처음이에요

초판 1쇄 발행   2022년 4월 20일
초판 2쇄 발행   2022년 5월 6일

지은이   전규리
펴낸이   정선모
디자인   유정인
표 지   bookdesign Designcamp

펴낸곳   도서출판 SUN
출판등록 제25100-2016-000022호
주 소   서울시 노원구 덕릉로 94길 21. 205-102
mobile 010. 5213. 0476
e-mail 44jsm@hanmail.net

ISBN 979-11-88270-46-0(03370)
값 15,000원

이 책의 저작권은 저자에게 있습니다.
저자 허락 없이 무단 전제 및 복제를 금합니다.